Diogenes Taschenbuch 21633

Hugo Loetscher

Der Waschküchen-schlüssel

oder
Was – wenn Gott Schweizer wäre

Diogenes

Die Erstausgabe erschien 1983 unter dem Titel
›Der Waschküchenschlüssel und andere Helvetica‹
im Diogenes Verlag
Die Taschenbuchausgabe 1988
wurde um vier Beiträge erweitert
Die Neuausgabe 1998
wurde vom Autor nochmals um
zwei Beiträge erweitert
Umschlagillustration: Ferdinand Hodler,
›Wilhelm Tell‹ (1896/97)
Foto: Copyright ©
Kunstmuseum Solothurn

Inhalt

Der Waschküchenschlüssel

Der Waschküchenschlüssel ist in diesem Lande nicht einfach ein Gebrauchsgegenstand, welcher jenen Raum öffnet, den man Waschküche nennt und wo die Maschinen stehen, welche den Vorgang erleichtern, der »waschen« heißt.

O nein. Der Waschküchenschlüssel erschließt hierzulande einen ganz anderen Bereich; er bietet Zugang zu Tieferem.

Und dies nicht nur, weil der Waschtag einen hohen Stellenwert im Ritualleben der schweizerischen Hausfrau einnimmt – demnach kommen nicht Hemden und Blusen, Socken oder Unterhosen auf die Leine, sondern es werden Flaggen der Sauberkeit gehißt.

Nein – der Waschküchenschlüssel hat Bedeutung über seine bloße Funktion hinaus, eine Tür zu öffnen; er ist ein Schlüssel für demokratisches Verhalten und ordnungsgerechte Gesinnung.

Um das zu verstehen, muß ich mit einer Geschichte ausholen, die zwar Jahre zurückliegt. Aber die neuerliche Erzählung eines Bekannten, die in gleicher Richtung zielte, bewies, daß es sich beim Waschküchenschlüssel um eine Grunderfahrung helvetischen Verhaltens handelt.

In meinem Fall spielte sich die Geschichte in einem jener Mietshäuser ab, in denen es nicht nur Wohnungen, Dachböden, Kellerräume, Vorräume und Abstellräume gibt, sondern auch eine Kollektiv-Waschküche und dazu einen gemeinsamen Schlüssel. Diesen Schlüssel reichte man nach einem Terminplan von Wohnung zu Wohnung und von Etage zu Etage weiter; wenn der Schlüssel ganz oben rechts angelangt war, fing er seinen Rundgang durchs Haus unten links wieder an.

Da ich Junggeselle war, brauchte ich diesen Schlüssel nicht, denn ich besorgte die Wäsche nicht selber. Aber ich mußte bald erfahren, daß es nicht nur ein Recht auf den Waschküchenschlüssel gibt, sondern auch eine Pflicht ihm gegenüber.

Gemäß der Hausordnung, die mir per eingeschriebenem Brief zugestellt worden war, klingelte eines Abends eine Frau und überreichte mir einen Schlüssel. Als ich sagte, ich brauche ihn nicht, sie solle ihn doch gleich der Mieterin über mir weitergeben, sah mich die Frau vor der Tür recht verdutzt an: wie sie dazu komme, mir den Weg ins obere Stockwerk abzunehmen.

Als ich das nächste Mal Waschtag hatte, klingelte

eine junge Frau, die Mutter von zwei Kleinkindern, die froh war, zwischendurch mal rasch die Waschküche benutzen zu können; ich überließ ihr den Schlüssel und bat sie, ihn gleich weiterzugeben, womit sie ohne weiteres einverstanden war.

Aber zwei Tage darauf klingelte die Frau von der oberen Etage, die Nachfolgerin in der Waschküchenschlüssel-Ordnung; sie reklamierte, es sei an mir persönlich, den Waschküchenschlüssel weiterzugeben, und obendrein sei die Waschküche nicht sauber gewesen. Ich entschuldigte mich und erklärte, daß ich gar nicht selber gewaschen hätte.

Doch die Frau machte mich darauf aufmerksam, daß ich verantwortlich sei für die Sauberkeit der Waschküche. Ihr Bruder arbeitete bei der Polizei, von dem wußte sie, daß man als Wagenbesitzer auch für den Zustand des Autos verantwortlich ist, selbst wenn man es einem dritten überläßt.

Als ich der jungen Frau, der ich den Schlüssel gegeben hatte, auf der Treppe begegnete, erzählte ich ihr lachend, was geschehen war. An einem der nächsten Morgen stand ihr Mann vor meiner Tür: er fände es unverschämt von mir, herumzuerzählen, seine Frau sei eine Schlampe, und er drohte, er würde alle notwendigen Schritte unternehmen.

Dennoch fragte mich die junge Mutter wieder, ob sie meinen Waschküchenschlüssel haben könne.

Kurz danach erkundigte sich auch die vom Parterre rechts, ob sie mal rasch in die Waschküche könne, ich bräuchte sie ja nicht. Als ich sagte, ich hätte den Schlüssel bereits der Frau vom vierten Stock links gegeben, lächelte sie nur.

Ich wurde suspekt (ohne es vorerst zu merken); nun hieß es im Haus, was der – und das war ich – wohl mit der jungen Aeschlimann habe, daß er ihr immer den Waschküchenschlüssel zuhalte.

Da beschloß ich, den Schlüssel in Empfang zu nehmen und ihn in einer Schublade ruhen zu lassen, bis meine Waschtage um waren. Um nicht behelligt zu werden, schloß ich mich während dieser Tage ein, ging nicht an die Türe, wenn es klingelte, und legte im Hinblick auf die Waschtage Vorräte an.

Zudem entschloß ich mich, mit der Hausverwaltung Verbindung aufzunehmen, damit sie mich vom Weiterreichen des Waschküchenschlüssels befreie. Doch der Mann am Telefon sagte, das gehe aus grundsätzlichen Überlegungen nicht, man müsse nur an einen eventuellen Wohnungswechsel denken, was da passieren könnte . . . – nein, ich solle die Waschküche benutzen, er sei bereit, mir die Waschmaschine zu erklären, er kenne viele Junggesellen, die ihre Wäsche selber besorgten.

Also packte ich beim nächsten Waschtag meine schmutzige Wäsche in einen Korb und trug ihn hinunter, als die Nachbarin mit einer andern auf der Treppe stand. Aber noch ehe ich die Bedienungsvorschrift der Waschmaschine gelesen hatte, war es mir verleidet. Ich ließ die Schmutzwäsche stehen und trug sie erst am Ende meiner Waschtage heimlich in die Wohnung, um sie dann im Koffer in eine Wäscherei zu bringen, die nicht in der Nähe des Mietshauses lag.

Aber dann stellte mich die Frau vom dritten Stock links: wann ich eigentlich wasche; sie würde auch gern zwischendurch einmal die Waschmaschine benutzen »wie die andern«, sie habe ein paar Mal am Abend bei mir geklingelt, aber ich sei ja gewöhnlich nicht zuhause und morgens früh traue sie sich nicht, weil ich doch regelmäßig erst nach Mitternacht heimkäme.

Es bot sich nur eine Möglichkeit, dem allem auszuweichen: Ich legte meine kurzen Reisen auf meine Waschtage, ich hielt als Journalist Ausschau nach Ereignissen, die dann stattfanden, wenn in der Hausordnung meine Waschtage vorgesehen waren.

Auf diese Weise war ich weg, und die andern blieben mit meinen Waschtagen zurück. Sie stritten, wer über den Schlüssel verfügen dürfe, ob die, welche vor mir dran war, oder die nach mir. So viele Parteien und Fraktionen sich auch bildeten, in einem Punkt waren sich alle einig: »Da könnte jeder kommen und einfach verreisen.«

Ich hatte völlig falsche Vorstellungen gehabt vom Waschküchenschlüssel. Ich hatte gemeint, das sei ein Schlüssel für eine Waschküche, aber der Waschküchenschlüssel war etwas ganz anderes: Er war der integrierende Bestandteil einer Hausordnung, angesichts der die Waschküche selber an Bedeutung verlor. Wir benutzen die Waschküche wie unsere Demokratie – nicht so sehr als Boden für Freiheiten, dafür um so lieber als Fundament für eine Hausordnung.

Was für ein weites Feld ist da schon der Alltag. Und wenn darob auch Unglück entsteht, entscheidend ist nur, ob die Mehrheit an der Aufrechterhaltung der Waschordnung beteiligt ist oder nicht – zumal keiner der Unglücklichen behaupten kann, er sei nicht zu seinem Waschküchenschlüssel gekommen.

»Niene geit's so schön u luschtig«

Niene geit's so schön u luschtig, wie deheim im Ämmital« – so singt das Volkslied: Nirgendwo geht es so schön und lustig zu wie daheim im Emmental. Schon immer wollte ich einen Ort kennenlernen, wo es schön und lustig ist wie sonst nirgendswo. Also, auf ins Emmental. Nur – ist es im Emmental überall gleich lustig und gleich schön? Fährt man mit Vorteil nach Langnau oder auf die Moosegg? Ist es das ganze Jahr lustig? Auch während dem Heuet? Oder erst mit der Metzgete?

Während ich daran war, solches herauszukriegen, hörte ich am gleichen Radio, in dem eben noch das Emmental besungen worden war, ein Lied über Innsbruck: »Was ist wie du an Schönheiten voll, du Perle vom Tirol.«

Wenn aber Innsbruck so einzig voll von Schönheiten ist, wie kann es dann im Emmental schön sein wie nirgendswo? Aber vielleicht verhält es sich so: In Innsbruck ist es nur schön, im Emmental hingegen schön und lustig zugleich.

Warum soll ich nicht zuerst ins Emmental und

hinterher nach Innsbruck fahren? Es gibt vom Emmental über Bern nach Innsbruck schließlich eine Zugverbindung. Zudem könnte ich erst noch in St. Gallen die Fahrt unterbrechen und einen Abstecher ins Appenzell machen. Denn das hatte ich inzwischen auch herausgefunden: »E Ländli hännds, Gott Lob und Dank, ke söttigs wit und brät.«

Von diesem Ländchen, wie es ein solches weit und breit nicht gibt, von diesem »schönste Fleckli Wölt«, fahre ich dann zur »Perle vom Tirol, die an Schönheiten ist voll«. Und wenn schon in Österreich, kann ich gleich nach Wien gehen; denn »Wien, Wien nur du allein, sollst stets die Stadt meiner Träume sein«. Die Gefahr, daß sich inzwischen etwas geändert hat, droht kaum, denn »Wien bleibt Wien«.

Allerdings würde ich dort nicht bleiben; auf der Rückfahrt würde ich über Kufstein reisen. Sollte mich jemand in Zukunft fragen: »Kennst du die Perle, die Perle Tirols?«, kann ich sagen, ich kenne zwei Perlen, Innsbruck und Kufstein am grünen Inn, und ich könnte erst noch angeben, ob es Natur- oder Zuchtperlen sind.

Als ich meinen Bekannten erzählte, ich würde ein Rundreise-Ticket zusammenstellen für Orte, die schön sind wie keine andern, fragte mich der eine, ob ich nach Kopenhagen gehe? Ehe ich eine Antwort geben konnte, meinte ein zweiter: »Wieso Kopenhagen? Er fährt nach Palermo.«

Der eine summte mit Freddy »Wonderful Kopenhagen, keine Stadt ist wie du«. Dem andern aber hatte Peter Alexander anvertraut: »Palermo, wer deinen Zauber kennt, versteht meine Sehnsucht.« Ein dritter zitierte melodisch Maurice Chevalier: »Paris, la plus belle ville du monde.«

Gut, es gibt einen europäischen Reisepaß. Also fahre ich vom Emmental über Paris nach Kopenhagen, von dort ins Appenzell und über Innsbruck und Wien nach Kufstein und von da nach Palermo. Aber in Neapel steige ich nicht aus: Denn »Neapel sehen und sterben« würde bedeuten, daß ich nie nach Palermo käme, wo »es klingt und schwingt in den Palmen«.

Die Faldum-Alp lasse ich auch aus. Obwohl: Der Mann, der sang »am liebsten bin ich auf der Faldum-Alp«, tat es recht überzeugend. Diese Alp muß im Wallis liegen. So sehr ich dem Mann glaubte, daß er gerne auf dieser Alp ist, er ist sicher nur im Sommer dort; den harten Winter muß er unten im Tal bei Frau und Kind verbringen.

Aber es ist immer das gleiche: Hat man etwas im Kopf, hat man es auch schon im Ohr. Je entschiedener ich mir vornahm, dorthin zu gehen, wo es schön und lustig ist, um so verwirrender wurde das Angebot. Sang doch eines Nachts spät Jonny Hill: »So schön wie Kanada ist kein anderes Land.« Jetzt fing es auch noch mit Übersee an. Und ich, der ich bereit gewesen wäre, mein Herz in Heidelberg zu verlieren, hätte es dort auf dem Fundbüro wieder abholen müssen, sonst hätte ich keines gehabt, um es in San Francisco zu lassen.

Die Sache wurde allmählich teuer und unerschwinglich. Denn auf die Frage von Tony Christie, ob ich je in Georgia gewesen sei, hätte ich beschämt gestehen müssen: »Nein«. Und dies, obwohl es dort »im Frühling wie Manna vom Himmel regnet«, worauf dann Sonnenschein folgt.

Ich begann mich überhaupt zu fragen, ob es sich vielleicht nicht gar so verhält, daß es überall lustig und schön ist wie nirgendswo. In mir stieg der Verdacht hoch: Vielleicht gibt es ein Lied über Zürich, die Perle an der Limmat, eine Stadt wie keine andere, wo es genauso lustig und schön ist wie nirgendswo auf der Welt.

Wenn dem so wäre, müßte ich nicht wegfahren. Dann hätte ich ja alles hier, auch wenn ich mir lustig und schöner vielleicht anders vorstelle, als ich es für gewöhnlich zu Hause antreffe.

Aber haben wir nicht schon als Jugendliche das Lied gesungen von »kein schöner Land in dieser Zeit, als hier das unsre weit und breit«? Wir taten es als Pfadfinder am Lagerfeuer. Später erfuhr ich, daß es auch ein Lied war, das die Hitler-Jugend sang. Es war eben ein allgemein gültiges Lied, das man überall und zu jeder Zeit singen kann: Denn es gibt nun mal »kein schöneres Land in dieser Zeit als das unsrige«, und zwar »weit und breit«.

Helvetische Flurbereinigung

Es gibt Leute, die sind überzeugt, daß in unserem Land nur gedeihen soll, was schon immer zu ihm gehört hat. Vor allem wir selber, kraft unserer Vorfahren. Denn alles Fremde ist Bedrohung.

Wenn eine solche Gesinnung allgemeine Verbindlichkeit erlangen sollte, müßten wir aber konsequent sein. Wir hätten schon bei unserer einheimischen Natur zu beginnen. Natürlich sind die meisten davon überzeugt, das, was vor unseren Fenstern blüht und gedeiht, habe dort schon immer gegrünt und habe dort schon ewig gesprossen.

Aber dem ist leider nicht so. Denn vieles und nicht Unwichtiges, was wir säen und pflanzen, was wir düngen, ob chemisch oder biomäßig, wurde einmal importiert:

Ja, unsere Natur ist voll von »fremden Fötzeln«, voll von Eindringlingen und Zugewanderten.

So erschreckend die Einsicht sein mag, sie soll uns nicht daran hindern, unsere einheimische Natur einer gründlichen Prüfung zu unterziehen:

Zu fordern ist eine helvetische Flurbereinigung.
Zum Beispiel müßten die Kirschbäume weg. So
sehr dies ein Verlust fürs Auge und für die Flasche
wäre, die Kirschbäume wurden von den Römern
importiert; was aus Italien kommt, gefährdet unsere
Wesensart ganz besonders. Daß die Römer die
Kirschen aus Kleinasien übernahmen, ist dann deren Sache. Da wir aber schon daran sind, den
Römern die Kirschbäume zurückzuschicken, könnten wir auch gleich die Kastanienbäume mitver-
laden.

Ohne Zweifel würde das für die Baselbieter und
Zuger ein großes Opfer bedeuten. Aber sie wären
nicht die einzigen, die ein Opfer zu bringen hätten.
Wir haben genügend demokratische Erfahrung,
um, wenn auch nicht den Gewinn, so doch die
Opfer gerecht zu verteilen.

Auch die Berner müßten umdenken und vielleicht
sogar »um-essen«. Die Kartoffel ist eben auch kein
einheimisches Gewächs. Sie stammt aus Südamerika. Daß dort in den Anden andere Sennen wohnen
als bei uns, kann man schon daraus ersehen, daß sie
die Panflöte blasen und nicht Alphorn spielen wie
wir.

Sollten sich die Walliser ins Fäustchen lachen, weil
die Berner nun ohne Röschti dastehen, hätten sie das
zu früh getan. Sie hätten in Zukunft zwar keine

Preissorgen mehr wegen der Überproduktion von Tomaten, und sie bräuchten sie nie mehr aus Protest in die Rhone zu werfen, aber sie würden auch nie mehr welche züchten. Denn dieses Nachtschattengewächs kommt ebenfalls aus Amerika.

Im Falle des Wallis hätte man allerdings stufenweise vorzugehen, damit diese Miteidgenossen nicht gleichzeitig auf ihre Tomaten und ihre Aprikosen verzichten müssen; diese letzteren würden allerdings nicht nach Südamerika, sondern nach Asien zurückwandern.

Da auch bei einer helvetischen Flurbereinigung die Berücksichtigung der verschiedenen Sprachregionen unerläßlich wäre, dürfte es den Tessinern einleuchten, daß der Mais von Natur aus nicht für die Tessiner Täler vorgesehen war; wobei man sich im Falle des Tessins den Abschied vom Mais mit einem großen Polenta-Essen auf einer Piazza vorstellen könnte.

Schwieriger wäre es schon mit unseren welschen »confrères«, die sicherlich an jenen Reben festhalten wollen, aus denen sie ihren Wein pressen, ob nun der rote oder weiße. Aber Reben sind nicht eine urschweizerische Pflanze. Zudem: Wenn man die Rebstöcke ausgerissen hätte, könnte man auch die Abhänge am Genfersee wieder so herstellen, wie sie der liebe Gott vorgesehen hatte: steil, abschüssig und nicht mit Terrassen. Womit die Flurbereinigung noch lange nicht abgeschlossen wäre. Zum Beispiel die Pfirsiche, die hätten wir mit aller Wahrscheinlichkeit an die Chinesen zurückzugeben, nicht an Taiwan, sondern an die Volksrepublik China natürlich, da wir mit ihr diplomatische Beziehungen pflegen. Und ferner . . .

Da täte sich wahrlich ein weites Feld auf. Wie immer, wenn es uns ernst ist, würden wir eine Kommission bestellen. In ihr sollten schon wegen der zukünftigen Themenwahl auch Dichter vertreten sein, die ausschließlich Einheimisches besingen.

Allerdings könnte sich die Frage stellen, ob wir nicht noch weitergehen müßten. Denn die Vorfahren unserer Vorfahren sind einst eingewandert – Pfahlbauten hin oder her. Wenn dem aber so ist, drängt sich die Überlegung auf, ob wir, aus Respekt vor dem Land, wie es einmal war, nicht besser selber auswandern würden. Ohne Zweifel wäre das Schweizerland dann öd und menschenleer, aber dafür ursprünglich wie noch nie.

Ethnologin auf Schweizer Forschungsreise

Ganz Genaues ist über den Fall nicht herauszukriegen. Aber er scheint uns wichtig genug, um darüber nicht einfach zu schweigen.

Wie manches, das skandalträchtig ist, fing es harmlos an. Schweizerische Studentinnen und Studenten der Ethnologie besuchten Bali, es war eine Gruppenreise mit Basis-Literatur, was beim Flug Probleme mit dem Übergewicht zur Folge hatte.

Natürlich fuhren auf der Insel der Götter die zukünftigen Ethnologen nicht zum bloßen Vergnügen mit Mopeds durch die Reisterrassen zu den heiligen Vulkanen. Sie hatten die Erlebnismöglichkeiten vorher unter sich aufgeteilt, bewußt etwa nahmen sie an den Strukturen von Großfamilien teil, wie sie zu Hause kaum mehr anzutreffen waren.

Im Atelier eines Maskenschnitzers lernten sie nicht nur Tempeltänzerinnen kennen, sondern auch jene Frau, deretwegen es zu einem skandalösen Auftritt kommen sollte. Es war die Kollegin Y. (ihr voller Name ist uns bekannt), eine Ethnologin, die über die Schweiz publiziert hatte. Das überraschte, wie es nach wie vor überraschender wäre, wenn jemand aus Papua Neuguinea über die Schweiz schreibt, als jemand aus der Schweiz über diese südpazifische Insel.

Die Ethnologin Y. hatte sich für ihre Lizentiatsarbeit auf »Murrays Handbuch für Reisende in der Schweiz« aus dem Jahr 1838 gestützt; sie war von folgender Stelle ausgegangen:

»Der Reisende zwischen Lauterbrunnen und Grindelwald ist aufs traurigste der Verfolgung durch Bettler ausgesetzt. Einige betteln unter dem Vorwand, daß sie Erdbeeren, Alpenblumen oder Kristalle feilhalten, andere bieten nichts als ihre Armut an, Kröpfe und Kretinismus tragen das ihre bei, um das Mitleid der Reisenden zu wecken. Hinter jedem Felsbrocken lauern einheimische Sängerinnen und Sänger; kaum geht ein Fremder vorbei, stellen sie sich in einer Reihe auf und attackieren den Reisenden mit ihren schrillen Stimmen, indem sie einen mißtönenden Singsang von sich geben.«

Diese Arbeit wurde zum Standardaufsatz darüber, wie in den ersten Jahrzehnten des letzten Jahrhunderts im Berner Oberland Kinder zum Betteln und Jodeln abgerichtet wurden.

Was lag näher, als daß man der Autorin die Möglichkeit bot, das Land persönlich kennenzulernen, über das sie so kompetent geschrieben hatte. Mit großer Freude nahm Frau Y. ein Stipendium an; sie hatte sich lediglich ausbedungen, das Land bereisen zu dürfen, bevor sie sich wissenschaftlich auf ein Thema festlegen mußte.

Besonders der Kanton Glarus tat es ihr an. Hier fand sie ein architektonisches Ensemble vor, das ihr repräsentativ schien für die Entwicklung eines Alpenlandes, welches als Rohstoff nur Wasser und die Arbeitskraft der eigenen Hände besaß:

Im Hintergrund die Bergmassive, der kärgliche, aber tapfer bebaute Boden der Bergbauern, eine enge Talsohle, darin Fabriken, diese manchmal wie Talsperren, darum gruppiert die Fabrikanten-Villa und die fabrikeigenen Wohnhäuser der Arbeiter, die sogenannten Kosthäuser.

Beim Lesen der Quelle fand sie alte Stiche von der Linth und der Linthebene; sie dachte einen Augenblick daran, über die Schönheit eines Sumpfgebietes vor der Melioration zu schreiben.

Aber zu ihrem eigentlichen Thema fand sie in Appenzell. Nun hatte sie Glück, daß sie sich in Herisau aufhielt, als die Männer im Ring zur Landsgemeinde zusammentraten.

Einmalig war für sie, wie hier Tradition und Gegenwart eine harmonische Verbindung eingingen. Da trugen Männer Schwerter und Degen, in

Erinnerung an die Kriege, welche die Vorfahren geführt hatten, aber eingedenk der friedlichen Gegenwart, hatten andere Männer die Hieb- und Stichwaffe durch den Regenschirm ersetzt.

Schon in der äußeren Erscheinung der jungen Appenzeller konnte man erkennen, wie sie sich vermehrt auf die Vergangenheit besannen. Mit ihrer Barttracht glichen sich die Jüngeren und Älteren an, die glattrasierte Zwischenepoche war vorbei und damit auch die falsch verstandene Männlichkeit, die sich lange geniert hatte, Ohrringe zu tragen.

Als die Ethnologin ihre Erkenntnisse einem schweizerischen Gremium vortrug, überzeugte sie einige unter den Zuhörern, als sie darlegte, daß Degen und Regenschirm in der Hand der Appenzeller ein phallisches Symbol darstellten. Sie erntete spontanen Applaus, als sie festhielt, hier sei noch ein Zustand von Überblickbarkeit anzutreffen, wie er ansonsten weltweit verlorengehe. Ein stilles, aufmerksames Publikum hatte sie, als sie den Silberschmuck der Appenzellerinnen mit dem der Balinesinnen verglich.

Bei der anschließenden Diskussion meldete sich jemand zu Wort und machte die Kollegin aus Bali darauf aufmerksam, daß im Kanton Appenzell den Frauen nach wie vor das Wahl- und Stimmrecht vorenthalten werde. Die Ethnologin sagte, man müsse Mut zu grundsätzlichen Fragen haben, und grundsätzlich sei die Überlegung, ob es nicht besser sei, gewachsene Gesellschaftsformen zu erhalten als sie einem allgemeinen Trend anzupassen und der üblichen internationalen Nivellierung zu opfern.

Ob es deswegen zum Tumult kam, ist nicht auszumachen. Mag sein, daß dieser losbrach, als die Ethnologin, von verschiedenen Seiten angegriffen, sich wehrte: schließlich kämen auch ausländische Ethnologen nach Bali und würden ihre Heimat für die überlieferten Gesellschaftsformen loben. Sicher wurde gepfiffen, als sich die Ethnologin zur Bemerkung hinreißen ließ: soviel Stämme gebe es gar nicht, wie Ethnologen, welche Stämme untersuchen wollten.

Wann die Ethnologin abreiste, ist nicht sicher, und auch nicht, ob sie direkt nach Bali zurückkehrte. Fest steht, daß sie für ihre nächste Arbeit über die Schweiz nicht den Druckkostenzuschuß erhält, der ihr in Aussicht gestellt worden war.

Im Herz und in der Mitte

Wieder einmal in einem Herzen. Oder einfacher ausgedrückt: ein paar Tage in Wien.

Zwar hatte ich in der Schule gelernt, daß die Schweiz im Herzen Europas liegt. Uns gehört das Gotthard-Massiv mit seinen Tunnels, die zentrale europäische Verbindung von Nord nach Süd und umgekehrt.

Aber kaum ein paar Tage in Wien, schon beginnt dieses Herz anders zu schlagen.

Wegen Österreich mußte ich schon einmal liebe Vorstellungen aufgeben. In der gleichen Schule lernten wir, daß uns Berge eigen sind, daß aber Österreicher gekommen waren, um uns diese wegzunehmen, weshalb die Vorfahren mit Erfolg zu Hellebarde und Morgenstern griffen.

Deswegen war ich betroffen, als ich, ein Schüler noch, zum ersten Mal an der österreichisch-schweizerischen Grenze stand und in die österreichischen Alpen hineinsah. Ich war enttäuscht, daß andere Völker auch Berge hatten, und das ausgerechnet unsere Schulbuch-Feinde, die Österreicher. Ich war erst recht aufgebracht, daß sie uns einst Berge wegnehmen wollten, obwohl sie selber welche zuhause hatten.

Als ich damals an der Grenze stand, hatte ich noch nie von den »Alpenrepubliken« gehört. Ich wußte nicht, daß der Föhn auch andern Völkern Kopfweh macht und daß die dünne Bergluft selbst bayerische Sennerinnen und Sennen zu Jauchzer und Jodel verführt.

Was die österreichisch-schweizerischen Beziehungen betrifft, stehen sie nun einmal unter einem besonderen Stern der Gegenseitigkeit. Friedrich Dürrenmatt hat Österreich als die größte schweizerische Auslandskolonie bezeichnet, da die Habsburger bekanntlich aus dem Kanton Aargau stammen. Im Unterschied dazu pflegt H. C. Artmann von der Schweiz als einer »abgefallenen Provinz Österreichs« zu sprechen.

Bei meinem Aufenthalt in Wien mußte ich die Erfahrung machen, daß dieses Österreich uns nicht nur das Berg-Monopol streitig macht, sondern auch die Herz-Lage.

Wenn wir bei uns von Europa reden, meinen wir gemeinhin den germanisch-angelsächsischen und den lateinisch-romanischen Raum. Natürlich beziehen wir Griechenland ein, schon aus Gründen der Bildung, schließlich hat Europa in jener Ecke begonnen. Doch schon das iberische Europa hatte Mühe, Aufmerksamkeit zu erwecken; für viele lag es lange Zeit hinter jenen Pyrenäen, hinter denen Afrika anfängt.

Die Vorstellung, daß sich Europa mit West-Europa deckt, ist älter und verwurzelter als die Machtpolitik, die Europa nach 1945 in West- und Ost-Europa aufteilte. So fügte sich unser Kulturbewußtsein, soweit es europäisch war, verhältnismäßig leicht in die Aufteilung.

Während meiner Tage in Wien erinnerte die Stadt ständig daran, daß es auch ein anderes Europa gibt, ein östliches, ein slawisches, wobei dieses östliche nicht mit dem slawischen identisch sein muß, wenn man an Ungarn oder an die baltischen Staaten denkt.

Allerdings wies Wien in merkwürdiger Weise auf dieses andere Europa. Vorerst als Erinnerung, manchmal so sehr Souvenir, als sei es mit diesem andern Europa längst vorbei. Vieles, was Original war in dieser Stadt, nahm sich wie ein Versatzstück der Historie aus. Wien öffnete eine Türe und demonstrierte zugleich, daß sie verschlossen war. So viel Erinnerung aber da war, die Aktualität war überall durchzuspüren und konnte auf schmerzliche Art ganz offen zutage treten. Nicht weit von der Stadt war ja das niedergegangen, was wir einst den Eisernen Vorhang nannten.

Im gleichen Maße wie Wien über sich hinauswies, sah es sich auf sich selber zurückgeworfen. Eine Stadt, die für einen andern Völkerstaat gebaut wurde als für das Land, als dessen Hauptstadt es sich heute ausgibt – eine Tragik mit so viel Schlagobers, daß man sich nie bis zum Grund durchessen kann.

So sehr auf der einen Seite Wien nach dem Osten wies, es holte gleichzeitig das westlichste Europa hinein, das iberische. Die »Spanische Hofreitschule« war dafür nur das attraktivste Beispiel. Daß das Wort »Prater« von »Prado« kommen soll, war mir neu. Kein Hof in Europa hat das Zeremoniell ausgebildet wie der spanische; noch immer beugt sich im österreichischen Knigge ein spanischer Rücken.

Wenn aber Madrid gleicherweise zu Europa gehört wie Warschau, Brüssel und Kopenhagen wie Bukarest und Kiew, rückt dieses Wien in die Mitte, und wenn das Herz in der Mitte . . .

Europa hätte also mindestens zwei Herzen, was die Lage betrifft. Bemerkenswert ist, daß es beide Male neutrale Herzen sind. Eines, das von der Politik in eine Ecke gedrängt wurde. Und ein anderes, das schweizerische, das achtgeben muß, nicht zu einem Alpenübergang mit Raststätten zu werden.

Es fällt auf, daß Städte und Länder gerne im Herzen von etwas liegen. Ich kenne keine Stadt, die sich rühmt, sich im Kopf Europas zu befinden.

Völker und Städte scheinen geographisch nur ein Organ zu haben, eben ein Herz. Eingeweide zählen kaum. Obwohl – ich könnte mir leicht Plakate ausmalen, die für Städteflüge mit dem Slogan werben: »Wir bringen Sie sicher zwischen die Schenkel Europas.«

In der Mitte zu liegen verführt nun aber leicht dazu, die Geographie als gottgegebenen Ausweis für Auserwähltsein zu nehmen. Wir kennen die Schweizer Interpreten der Schweiz, die aus der geographischen Lage unseres Landes eine besondere Sendung ableiten.

Da die Schweiz mit drei ihrer vier Sprachen an europäischen Kulturen partizipiert, könnte man sie als Spiegelbild dieses Europas verstehen. Als ein Europa »in nuce«. Diesem »Europa in der Nußschale« kommt eine besondere Rolle zu. Die des Brückenschlagens. Oder die der Vermittlung. »Vermitteln« ist ein beliebtes schweizerisches Tätigkeitswort, vielleicht schon deswegen, weil man beim Vermitteln in der Mitte bleibt und es die andern sind, die etwas abgeben.

Nein, die Geographie allein macht es nicht aus. Obwohl wir der Tatsache, daß wir im Zentrum liegen, einen der besten Kabarett-Texte über die Schweiz verdanken. Er stammt aus den frühen Dreißiger Jahren und von einem Autor, der nicht in erster Linie für Humor bekannt geworden ist, denn C. G. Jung schrieb sonst kaum für die Kleinbühne.

»Seit alter Zeit ist das der Schweiz zugehörige Zodion (Tierkreiszeichen) entweder das der Jungfrau oder das des Stiers. Beide sind sogenannte Endzeichen, ein untrüglicher Hinweis darauf, daß schon den alten Astrologen der chthonische Charakter der Schweiz nicht entgangen war . . . Erfüllt die Schweiz mit ihrer rückständigen, erdhaften Art eine sinnvolle Funktion im europäischen System? Ich glaube, diese Frage bejahen können zu müssen. Sollte es so sein, daß wir die rückständigste, die konservativste, eigensinnigste, selbstgerechteste und borstigste aller europäischen Nationen sind, so würde das für den europäischen Menschen bedeuten, daß er in seinem Zentrum richtig zuhause ist, bodenständig, unbekümmert, selbstsicher, konservativ und rückständig, das heißt, noch aufs innigste mit der Vergangenheit verbunden . . . Das wäre keine üble Rolle für die Schweiz, Europas Erdenschwere darzustellen und damit den Sinn eines Gravitationszentrums zu erfüllen.«

Das ist bis heute der konsequenteste Versuch, der Schweiz zu einer ideologischen Bühne zu verhelfen, die ihr ermöglicht, als jener »Dorftrottel Europas« aufzutreten, vor dem ein Theologe wie Karl Barth nach 1945 warnte.

Wenn die zentrale Lage zu einer solchen Rolle der »Erdenschwere« verführt, wünschte man sich da die Schweiz nicht etwas näher bei den Lappen? Mit Neid denkt man an das Abseits von Andorra. Auf jeden Fall kann es für Europa nur gut sein, wenn es noch ein Ausweichherz gibt. Aber wo ein zweites Herz ist, ist möglicherweise auch ein drittes. Vielleicht ist es überhaupt ein Wanderherz, schlägt gleichzeitig in Dublin und in Danzig.

Als nach 1945 die einst verfeindeten Nationen sich annäherten und verbündeten, taten sie dies auf direktem Weg. Sofern sie voneinander auch kulturell Kenntnis nahmen, benutzten sie nicht die Schweiz als vermittelnde Brücke und waren auch gar nicht auf eine solche angewiesen.

Nun wäre der Schweiz die Vermittlerrolle alles andere als leichtgefallen. Daß in der Schweiz vier Sprachkulturen nebeneinander existieren, heißt noch nicht, daß diese sich auch kennen. Was sich als Toleranz ausgibt, ist nicht bloß gegenseitiger Respekt, sondern gegenseitige Gleichgültigkeit; man läßt einander leben, indem man sich nicht allzu groß beachtet. Eine der dringendsten kulturellen Forderungen beruht denn auch nach wie vor darin, daß die eine Sprachkultur sich über die andern besser informiert. Wenn Vermittlung, betrifft diese mehr schweizerische Interna als europäische Externa.

Das schweizerische Herz Europas hatte zudem erst 1963 seine Abgeordneten nach Straßburg in den Europarat geschickt. Es zeigte sich, daß die Verfassung dieses Herzens nicht impekabel war. Mit religiösen Ausnahmeartikeln und aufgrund der Tatsache, daß wir den Frauen das Wahl- und Stimmrecht verweigerten, schlug dieses Herz nicht auf der damaligen Höhe der Menschenrechte.

Es schlug ja auch schon dort, wo es gar nicht danach ausschaut, auf griechischen oder portugiesischen Vorgebirgen zum Beispiel, die aber nehmen sich auf der Karte eher wie die Zehen Europas aus.

Demnach konnte man dem Herzen auch dort begegnen, wo man es gar nicht erwarten würde. Ich war jedenfalls nicht schlecht erstaunt, als ich eines Tages in einem Hotel in Quito vernahm, daß ich mich im Herzen der Welt befände. Und dies mitten in den Anden? Aber die ecuadorianische Hauptstadt reklamiert diese Herzlage für sich, weil sie die einzige Kapitale ist, die auf dem Äquator liegt. Allerdings hat ein Wissenschaftler ausgerechnet, daß das Denkmal, welches bei Quito den Äquator markiert, nicht ganz genau plaziert worden ist. Aber was macht das bei einem wandernden Herzen schon aus und gar bei einem, das nicht mehr nur in Europa wandert.

Runde Welt und flächige Sprache

Daß die Welt rund ist, daran haben wir keinen Grund zu zweifeln. Eines der schönsten Farbfotos unserer Zeit verdanken wir den Mondfahrern: Darauf kann man ein Porträt unserer Erde, des blauen Planeten, bewundern. Und was man fotografieren kann, muß auch stimmen.

Nur – unsere geographische Sprache paßt nicht zu dieser runden Welt.

Solange sich Europa auf der Landkarte in der Mitte befand, war klar, wo der Westen lag und wo der Osten. Aber als sich herausstellte, daß die Erde rund ist, war es mit dieser Eindeutigkeit vorbei. Die Begriffe kamen ins Schleudern. Oder themagerechter gesprochen: Sie gerieten in Erdbewegung.

Von nun an konnte man in Richtung Westen fahren, um nach Osten zu kommen, wie das bekanntlich Kolumbus tat. Mit Erfolg, sofern man die Entdeckung Amerikas als Erfolg bewerten will.

Das hatte unter anderem zur Folge, daß in der Karibik einige Inseln »Westindische Inseln« heißen. Nicht wegen der Geographie, sondern aus Irrtum.

Es gab nicht nur ein Indien im Osten Europas, sondern auch eines im Westen, wobei dieses westliche Indien durchaus im Osten des östlichen Indiens liegen könnte; es kommt nur darauf an, aus welcher Richtung man sich ihm nähert.

Osten und Westen verschieben sich, je nachdem, was in die Mitte der Landkarte rückt. Rücken die USA in die Mitte, liegt die Sowjetunion sowohl im Westen wie im Osten, und rückt mit China das Reich der Mitte wieder in die Mitte, entpuppt sich die gleiche Sowjetunion als westliches Land.

Bekannt ist die Episode, als ein italienischer Jesuit am Pekinger Hof eine Landkarte zeigte, auf der China rechts außen lag; damals lernten die Chinesen ein Fremdwort wie »Europa« kennen. Dieser Karte könnte man heute eine andere entgegenhalten, auf welcher Europa links oben in die Ecke gedrängt, ein unförmiges Kleingebilde abgibt, bei dem es scharfe Augen braucht, um Inseln wie England und Irland und einen Stiefel wie Italien zu unterscheiden; man denkt an den unverfrorenen Satz von Paul Valéry, Europa sei das denkende Vorgebirge Asiens.

West und Ost, die geographischen Bezeichnungen, erhielten nach 1945 politische Bedeutung, nachdem Europa auf Westmächte und eine Ostmacht aufgeteilt worden war – Griechenland, das zum Westen gehört, liegt zwar östlicher als die

Tschechoslowakei, die zum Osten zählt, und Mitteldeutschland lag plötzlich in Ostdeutschland. Und die Türkei, die nach Asien hineingreift, ist Mitglied des (West-)Europa-Rates, wenn auch eines, das mit seiner Militärdiktatur nicht nur zur moralischen Glaubwürdigkeit dieser Institution beiträgt.

Immerhin – dem Dilemma war mindestens sprachlich beizukommen, indem man nicht indirekt-geographisch, sondern direkt-politisch von kapitalistischen und kommunistischen Ländern sprach.

Aber mit West und Ost kann ja auch ganz anderes gemeint sein: zwei völlig verschiedene Kulturverhalten; demnach stünde eine westliche Zivilisation einer östlichen Meditationskultur gegenüber.

Aber Indien ist nicht nur das Land hinduistischer Tempel, nicht nur die Heimat von Buddha und Gurus, sondern es ist, neben Japan, die einzige asiatische Atommacht. Japan selber aber, im Fernen Osten liegend, wurde zu einem Exponenten westlicher Zivilisation und trägt entscheidend zur »Verwestlichung« seiner asiatischen Nachbarn bei. Korea hat seinen ersten Industrialisierungsprozeß und damit den ersten Schritt in die Verwestlichung unter der Okkupation der Japaner getan, seiner klassischen Feinde im Osten. Taiwan hat, nicht zuletzt angesichts der Kulturrevolution auf dem chinesischen Festland, altchinesische Traditionen bewahrt und gepflegt, aber es besitzt gleichzeitig ein Industriepotential, von dem ein westliches Land wie Portugal nur träumt.

Und die Philippinen zum Beispiel haben den westlichen Einfluß gleich zweimal erlebt: einmal den europäisch-spanischen (und damit katholischen) und einmal den angelsächsischen-amerikanischen. Das koloniale Mutterland lag im Westen, die amerikanische Protektionsmacht im Osten; aber die spanischen Schiffe, welche die Philippinen kolonisierten, kamen ebenfalls aus dem Osten, denn sie waren von der Pazifikküste Mexikos ausgefahren.

Und wer vom kalifornischen Teil dieser gleichen Pazifikküste sich aufmacht, um östliche Weisheit zu suchen, fährt nach Westen. Kalifornien wiederholt in Amerika die iberische Situation Europas. Aber die Chinesen, Vietnamesen, Koreaner und Philippiner, die sich an dieser Pazifikküste niederlassen, heißen noch immer »orientals«, obwohl sie nicht aus dem Osten, sondern aus dem Westen kommen.

All das zeigt, wie sehr sich unsere Sprache noch immer nach der Landkarte orientiert und nicht nach dem Globus. Sie ist flächig und nicht rund.

Ein jüngeres Beispiel dafür ist folgendes: Wir reden vom Nord-Süd-Dialog. Gemeint ist das Gespräch (oder die Hoffnung auf das Gespräch) zwischen Norden und Süden und damit zwischen den entwickelten Industrienationen und den unterentwickelten Ländern, da nun einmal die entwickelten im Norden liegen und die unterentwickelten im Süden, wobei uns in diesem Zusammenhang nicht interessiert, wie fragwürdig der Begriff der Entwicklung sein kann.

Auf den ersten Blick trifft eine solche Nord-Süd-Gegenüberstellung auch zu. In Europa liegen die entwickelteren Länder im Norden. Geht es südwärts, wird es nicht nur mediterran, sondern auch unterentwickelt. Mit Griechenland oder Portugal. Und jenseits des Mittelmeeres beginnen die eigentlichen Entwicklungsländer – je näher der Äquator, desto entwicklungsbedürftiger die Gebiete.

Doch dieses Gefälle ist von Europa (auch vom russischen Europa) oder von Nordamerika aus gedacht. Das heißt: von der nördlichen Halbkugel aus.

Aber wir leben nicht auf einer Halbkugel, sondern auf einer ganzen, so gehört zu ihr auch eine südliche Halbkugel. Dort aber ist es mit dem Nord-Süd-Verhältnis umgekehrt.

Australien und Neuseeland, die wir zu den entwickelten Ländern zählen, liegen im Süden. Das gilt auch für Afrika, wo Südafrika, wie der Name schon sagt, im Süden liegt, auch wenn die »Entwicklung« dort nur einem kleinen Teil der Bevölkerung zugute kommt.

Das gleiche Gefälle trifft man auch in Südamerika. Argentinien ist trotz seiner Verschuldung wirtschaftlich und soziologisch im Sinne der gängigen Normen höher entwickelt als die Länder der Hemisphäre am Äquator.

Und Brasilien wiederholt im eigenen Land dieses Niveaugefälle. Im Süden wird eine rentable Landwirtschaft getätigt; dort befindet sich eine Industriemetropole wie São Paulo; im Norden und Nordosten hingegen liegen die sozialen Notstandsgebiete.

Der Ausdruck »Nord-Süd-Dialog« ist ein Beispiel mehr dafür, wie sehr unsere Sprache flächig und noch nicht rund ist und nicht dem Globus als Ganzem gerecht wird.

Wenn wir als Kinder etwas wünschten, was unerreichbar war, hieß es: »Das gibt's, wenn Neujahr im Sommer ist.« Nun ist aber Neujahr im Sommer. Nämlich auf der südlichen Halbkugel. Demnach müssen dort lauter Wunder geschehen. Wenn dort etwas unerreichbar ist, wird es logischerweise heißen: »Das gibt's, wenn Neujahr im Winter ist.«

Sollte es etwa so sein, daß wir für unsere Wünsche die andere Hälfte der Welt brauchen? Derart, daß ein Teil unserer Träume sich nicht bei uns, sondern nur bei andern verwirklicht, und daß ein Teil ihrer Träume erst bei uns wahr werden kann – etwa gar auch in einem Land wie der Schweiz?

Was ein schweizerischer Arbeiter zur Arbeit trägt

Was trägt ein schweizerischer Arbeiter zur Arbeit? Ich stelle die Frage nicht vom modischen Standpunkt aus. Es geht nicht um einen Laufsteg der Arbeiter-Mode, sondern um einen solchen der Sprache.

Das Problem kann sich ergeben, wenn man als schweizerischer Schriftsteller mit einem bundesdeutschen Lektor zu tun hat, der den Text verstehen möchte, den man verfaßt hat, nicht zuletzt im Hinblick auf den bundesdeutschen Leser.

Es ist ein Problem, dem kaum ein deutsch schreibender Schweizer entgeht. Wie dieser Konflikt in Literatur umschlagen kann, hat Friedrich Dürrenmatt aufs amüsanteste bewiesen:

Bei den Proben zu »Romulus der Große« verlangte in einer Szene der römische Kaiser das »Morgenessen«. Der Darsteller des Romulus wand sich: Sicher ein großartiges Stück, aber »Morgenessen« ist nun einmal nicht deutsch, das heißt »Frühstück«. Wütend setzte sich Dürrenmatt hin und schrieb die Szene um. Nach wie vor verlangt Romulus das

»Morgenessen«. Der Zeremonienmeister korrigiert: Exzellenz, es heißt Frühstück. Da erklärt Romulus der Große: »Was klassisches Latein ist in diesem Haus, bestimme ich.«

Man muß als deutsch schreibender Schweizer tatsächlich Sorge tragen zu seinem klassischen Latein. Ansonsten kann es passieren, daß ein Roman-Held in Zürich in die »Elektrische« einsteigt – nicht etwa, weil die Zürcher Verkehrsbetriebe ihr Rollmaterial umgetauft hätten, sondern weil ein deutscher Lektor aus Berlin stammte, so daß ihm »Tram« nicht deutsch genug vorkam.

In meinem Falle ging es um die Bekleidung eines Arbeiters. Ich hatte ihm in einem Roman-Kapitel ein »Überkleid« gegeben; er trug es zusammengerollt unterm Arm, als er von der Arbeit nach Hause kam.

»Überkleid« schien mir unserem »Übergwändli« am nächsten zu kommen. Daß letzteres unakzeptabel helvetisch war, leuchtete mir selber ein. Aber ich dachte, mit einem »Überkleid« dürfte der Arbeiter nicht nur am Arbeitsplatz, sondern auch in der Sprache durchkommen.

Doch der Lektor fragte, was das sei, ein »Überkleid«; das verstehe in der Bundesrepublik kein Mensch.

»Wie es denn auf deutsch heiße?« fragte ich zurück.

»Arbeitsanzug«, kam nach einigem Zögern als Antwort. Demnach trägt der deutsche Kollege oder Genosse einen Arbeitsanzug. Aber wenn ich einem Schweizer Arbeiter einen Arbeitsanzug anziehe, wird er befördert, dann ist er bereits in die Dienstleistung abgewandert, arbeitet im Büro und nicht mehr länger an einer Maschine und schon gar nicht mehr mit Maschinenöl.

»Wie wär's mit Overall«, lautete der nächste Vorschlag.

Das schien mir so deutsch auch nicht. Ich war dagegen. Erstens einmal spielte die Szene in den Dreißiger Jahren; damals gab es in der Schweiz noch kaum Overalls. Zudem besteht diese Kleidung aus einem einzigen Stück, während mein »Überkleid« Jacke und Hose hatte. Eine Hose zum Beispiel mit einer Durchgreiftasche, um in die Hosentasche darunter langen zu können, das Ganze von jener Stoffqualität wenn möglich, die nicht beim ersten Waschen eingeht, denn Überkleider werden nun einmal gewaschen.

Ich erlaubte mir die Bemerkung, daß mir auch nicht immer jeder Ausdruck klar oder geläufig sei, wenn ein Roman in Berlin, München oder Danzig spiele. Es käme mir nicht in den Sinn, von bundesdeutschen Autoren oder Verlagen eine Ausgabe »ad usum Helvetiorum« zu fordern, ganz abgesehen von der fremdsprachigen Literatur. Ich könne in Zürich im Industrieviertel nun einmal nicht das »Brockenhaus« abreißen, nur weil es in der Bundesrepublik keine entsprechende Einrichtung gibt.

Zudem versuchte ich grundsätzlich zu werden: Wenn ein Kapitel geographisch und historisch genau festgelegt ist (wie in meinem Falle in den Dreißiger Jahren im Zürcher Arbeiterviertel), seien schweizerische Ausdrücke unvermeidbar; sie gehörten unabdingbar zum Lokalkolorit, und wenn wir in der Schweiz etwas hätten, dann seien es Lokalfarben.

Nun fand die Auseinandersetzung zu einer Zeit statt, als in Deutschland folgender Konversationswitz kursierte:

»Was sind Sie?«

»Arbeiter.«

»Praktizierender?«

Das Verlagshaus, in welchem ein Lektor und Autor um ein Wort stritten, war berühmt für seine soziologischen Texte, für Publikationen, in denen ausgeführt wurde, unter welchen Umständen die Revolution stattfindet, mit wem, wann und warum. Das Verlagshaus hatte sich damals noch nicht »gesund-geschrumpft«, indem es seine gesellschaftstheoretischen Bücher verramschte.

Was lag näher, als daß wir von Büro zu Büro gingen, um jene zu fragen, welche die Epoche redigierten und alles Zeitgemäße mit einem Klappentext versahen. Doch zeigte es sich, daß der Weltgeist zwar Sinn für Arbeits-Modelle und Gesellschafts-Entwürfe entwickelte, aber keine Ahnung hatte, was ein Arbeiter zur Arbeit trägt.

Bis auf einen, der hatte Beziehung zum Volk. Der hatte in den Semesterferien im Sommer an einer Tankstelle gearbeitet. Er wußte, daß man zu dem, was der Arbeiter anhat, »blauer Anton« sagt.

Unter keinen Umständen aber war ich bereit zu schreiben, daß mein Arbeiter unterm Arm zusammengerollt einen blauen Anton trüge. Ansonsten nehmen die Leser an, daß im nächsten Abschnitt ein Auto mit Blaulicht vorfährt.

»Blau« war immerhin eine Stichfarbe. Gab es da nicht auch den »blauen Arbeitsanzug«? Nun arbeiteten im Verlagshaus nicht nur Lektoren; man war nicht nur auf der Büro-Etage tätig, sondern auch im Lager und bei der Spedition. Dort konnten wir erfahren, daß ein Arbeiter zur Arbeit auch einen »Monteur-Anzug« trägt. Was mich nur insofern nicht befriedigte, als Monteur bei uns eine Berufsbezeichnung ist, mein Arbeiter aber kein solcher Monteur war.

Nun sollte man aber die Gründlichkeit eines deutschen Lektors nicht unterschätzen. Wir konsultierten auch den Bilder-Duden.

Der »Herrenkleidung« (auch »Männerkleidung« genannt) war eine ganze Seite reserviert. Hier war abgebildet, was Herren bzw. Männer tragen: ein Sportsakko, eine Raucherjacke, ein Duffle-Coat. Hier fand man Einreiher und Raglan, aber all das half meinem Arbeiter nicht weiter.

Mein Arbeiter hatte sich keine Schleife umgebunden. Er trug zwar gestreifte Hosen, aber nicht jene, die man zum Cutaway anzieht, der auch »Schwenker« heißt. Mein Arbeiter besaß zwar eine aufgenähte Tasche, aber fürs Metermaß und nicht fürs »Ziertaschentuch«, und seine Jacke wies keinen »Spiegel« auf, wie dies beim Smoking der Fall war.

So viel Möglichkeiten angeboten wurden, vom Zweireiher bis zur Kombinationshose, eine Sache fehlte, nämlich das Kleidungsstück, das ein Arbeiter anzieht, um seine Arbeit zu verrichten.

Aber wenn die Seite »Herrenkleidung« nicht weiterhalf, tat es vielleicht die »Völkerkunde«. Wenn der Arbeiter schon von der Soziologie vernachlässigt worden war, griff ihm vielleicht die Ethnologie unter die Arme.

Auf der Seite »Völkerkunde« erfuhr man, daß der südamerikanische Indio einen Poncho trägt, der nordamerikanische Indianer hingegen Wildledergamaschen, sogenannte Leggins. Neger haben einen

Lendenschurz, Beduinen einen Burnus und die Samurai eine wattierte Rüstung.

Aber es zeigte sich bei genauerem Hinschauen auch, daß der Arbeiter noch nicht zu einer ethnologischen Figur geworden war.

So blieb nur noch die Seite »Kostüme«. Aber mein Arbeiter trug weder Tunika noch Toga. Er kam nicht in spanischer Tracht daher. Er zeigte sich nicht in gepolsterten Oberschenkelhosen und schon gar nicht mit Schlitzwams, er trug keinen Schoßrock und hatte sich keine Phantasieweste umgebunden.

Was ein Arbeiter tagtäglich zur Arbeit trug, das war auf dem Laufsteg der Duden-Begriffe nicht auszumachen. Aber der Arbeiter kam auch sonst nicht so oft vor wie jene, die eine weiße Weste tragen.

Da ich aber meinem Arbeiter etwas zur Arbeit anziehen mußte, blieb es beim »Überkleid«. Das Wort fand sich im Duden. Es war nicht erklärt, und ich vermute, wäre es erklärt gewesen, es hätte was anderes bedeutet, als ich darunter verstand.

Mir wurde klar, ein schweizerischer Arbeiter trägt zur Arbeit einen Helvetismus.

Diesem Helvetismus ging es wie Fremdarbeitern in der Bundesrepublik. Er wurde vom Fremd-Ausdruck zum Gast-Ausdruck, was aber noch nicht hieß, daß er auch seine Familie hätte nachkommen lassen dürfen.

Aber Helvetismen hatten es nun immer schwerer als zum Beispiel Austriazismen. Es gibt bezeichnenderweise einen Österreichischen Duden. Österreichische Besonderheiten gelten rascher als Variation, als Spielart, als Bereicherung und gar als schöpferischer Einfall. Was jedoch irgendwie nach Helvetischem riecht, setzt sich sogleich dem Verdacht aus, mangelhafte Sprachkenntnis oder sprachliches Ungenügen zu sein, im guten Fall Alpen-Exotik.

Dabei sollte man jene nicht unterschätzen, die sich schwertun mit dem sprachlichen Ausdruck. Eines der schönsten deutschen Worte verdanke ich jemandem, der sich in unserer Sprache nur gebrochen verständlich macht. Dieser Jemand lebte einmal in Zürich, doch dann ist sie wieder in ihre hinterindische Heimat zurückgekehrt, von wo sie Briefe schreibt. In einem ihrer Briefe stand einmal: »Bei Occasion ich sehnsuche dich.«

Gäbe es eine Duden-Fee, die einem Schweizer Autor Wortwünsche erfüllt, nämlich neue Worte in die deutsche Sprache einführen zu dürfen, mein erster Wunsch gälte nicht einem Helvetismus, sondern dem Verb »sehnsuchen«. Die Lektoren könnten immer noch darüber streiten, ob es korrekterweise heißt »ich sehnsuche dich« oder »ich sehnsuche nach dir«.

Unser Sprachkuchen

Selten hat mich eine graphische Darstellung so beeindruckt wie die, auf die ich in »Ethnologue« stieß, der Publikation einer kalifornischen Bibel-Gesellschaft (Wycliffe Bible Translators, Huntington Beach, California). In diesem Buch wird auf vierhundert Seiten aufgelistet, in welche Sprachen die Bibel ganz oder teilweise übersetzt worden ist und in welche sie noch zu übersetzen wäre. Mit dieser Missions-Bilanz entstand einer der umfassendsten Kataloge der 5103 heute (noch) gesprochenen Sprachen.

Als optische Einleitung findet man auf einer der ersten Seiten einen Kreis, der eine Aufteilung der Sprachen nach Kontinenten vornimmt. Europa kommt dabei zu einem ganz dünnen Kuchenstück. Mit seinen 55 Sprachen macht es gerade einen Prozent aus. Das ist zwar mehr als der mittlere Orient mit seinen 40 Sprachen. Aber nicht zu vergleichen mit den 1600 in Afrika (31 %), den 1562 in Asien (30 %) und den 1034 im Pazifischen Raum (20 %).

Natürlich sind in dieser Liste auch all die Sprachen mitberücksichtigt, die lediglich von ein paar Tausend gesprochen werden und die am Aussterben sind. Aber wenn das Rätoromanische von 20 000 bis 30 000 Schweizern als Sprache gilt, trifft das auch für das Guajiro von über 100 000 Kolumbiern oder für das Banhar von 85 000 Vietnamesen zu.

Diese Zusammenstellung erinnerte mich an einen gemeinsamen Auftritt mit einem Schriftsteller-Kollegen. Bei dem Anlaß ging es um die Sprachsituation der Schweiz, einmal mehr stand die Vielsprachigkeit zur Debatte, und einmal mehr wurde diese als Sonderfall betrachtet.

Aber diese Vielsprachigkeit rückt in ein anderes Licht, sobald wir einen Blick über die Grenze werfen. Das mögen einige außerschweizerische Erfahrungen mit Vielsprachigkeit illustrieren.

Im Vergleich mit unseren direkten Nachbarn nimmt sich unsere Sprachsituation unbestritten als Besonderheit aus. Obwohl: Zu den überraschendsten Eindrücken, die der Pariser Mai 1968 für mich hinterließ, gehören Stände im Hof der Sorbonne, deren Spruchbänder ich nicht entziffern konnte, ich hatte bis anhin zum Beispiel noch nie ein bretonisches Schriftbild vor Augen gehabt. Es war die erste Begegnung mit dem, was sich später als europäische Ethnien zu Wort melden sollte.

Recht bald jedenfalls hört hinter unseren Nachbarn die Sprach-Homogenität auf. Die Situation mag nicht immer friedlich sein, man denke an den Sprachenstreit zwischen Franzosen und Flamen in Belgien. Zu welchen Balance-Akten eine Politik sprachlicher Autonomien zwingt, hat Spanien vorgeführt, wo man nicht nur spanisch, sondern auch katalanisch und baskisch spricht. Allerdings hätten wir etwelche Mühe, alle Sprachen aufzuzählen, die in Jugoslawien gesprochen werden. Nicht zu reden von einem Vielvölkerstaat wie der Sowjetunion.

Es ist oft schon die Sprachusanz, die uns das Phänomen der Vielsprachigkeit verdeckt.

Wir reden von Lateinamerika, weil dort lateinische Sprachen wie Spanisch und Portugiesisch gesprochen werden. Aber dieser Kontinent ist nur lateinisch, solange man die Indio-Sprachen unterschlägt. Praktisch alle Anden-Staaten sind mindestens zweisprachig, worauf sie sich auch zusehends besinnen und dem Rechnung zu tragen sie in ihrer Kultur-Politik angefangen haben. So hat Peru aus dem Quechua eine zweite Nationalsprache gemacht, im Sinne einer Kultur, die erst umfassend national ist, wenn sie auch die Indios und somit deren Sprache einbezieht.

Unvergeßlich jedenfalls für mich, wie eingehend sich ein junger Bolivianer nach der Viersprachigkeit der Schweiz erkundigte, einfach deswegen, weil auch sein Land viersprachig ist, neben Spanisch werden Quechua, Aymara und Guarani gesprochen.

Doch ist die Situation in Lateinamerika verhältnismäßig einfach, wenn man sie mit anderen Kontinenten der Dritten Welt vergleicht, mit Afrika und Asien. Die meisten Länder, die nach 1945 ihre Unabhängigkeit erlangten, sind mehrsprachige Länder. Weltweit gesehen ist die Mehrsprachigkeit alles andere als ein Sonderfall.

Als ich mich auf einer Reise in Bombay aufhielt, wurde gerade Marathi zur vierzehnten Nationalsprache erklärt, die Sprache, die in Bombay und im Staat Maharaschtra gesprochen wird. Ich war jeweils recht verlegen, wenn ich erwähnte, wir hätten auch mehrere Sprachen zuhause. Zwar nur vier, aber immerhin.

Dabei wurde mir ein Unterschied klar. Sieht man vom Rätoromanischen ab, liegt es bei uns noch drin, daß einer die andern Sprachen soweit liest und spricht, daß eine Alltagsverständigung möglich ist. Das ist bei vierzehn Nationalsprachen ausgeschlossen. Notgedrungen kann man von den anderen Sprachkulturen der eigenen Nation nur per Übersetzung Kenntnis nehmen, und eine nationale Verständigung ist überhaupt nur möglich dank einer Vehikelsprache.

Das bringt eine andere Art der Mehrsprachigkeit mit sich, als wir sie kennen. Bei uns braucht mehrsprachig nicht zu heißen, daß einer auch eine zweite Sprache beherrscht, sondern, daß er die anderen toleriert; es kommt einer ohne weiteres mit nur einer Sprache, d. h. mit seiner eigenen, durch. Im Falle Indiens, das als Beispiel für andere steht, ist aber für den bloßen Alltag schon neben der angestammten Sprache eine Vehikelsprache, das Englische, unerläßlich.

Natürlich ist es etwas anderes, in einem Land verschiedene Sprachen zu haben und diese auch nebeneinander gelten zu lassen. Die Schweiz hat Erfahrungen im letzten Jahrhundert durchgemacht, welche außer-europäische Länder erst in unserem zu bestehen haben. Aber nicht nur in linguistischer Hinsicht sehen sich die jungen Völker mit Problemen konfrontiert, die in Europa früher durchgespielt wurden.

Die Tatsache, daß unser Staat nicht auf einer Nationalsprache basiert, hat zur Auffassung geführt, daß die Schaffung der Schweiz eine Besonderheit darstelle, indem sie aus dem Akt eines politischen Willensentscheides hervorgegangen sei. Aber all den mehrsprachigen Ländern, die seit dem Zweiten Weltkrieg ihre Unabhängigkeit erlangten, bleibt gar nichts anderes übrig, als kraft eines solchen politischen Willensentscheides eine Nation zu werden, auch wenn sie diese erst noch definieren müssen, wobei ohne Zweifel die Voraussetzungen anders sind, wenn ein Volk bei der Festlegung seiner Grenzen mitgeredet hat oder wenn diese von Dritten an einem Verhandlungstisch gezogen worden sind.

Bei besagter Debatte wurde auch diskutiert, unter welchen Bedingungen ein deutsch schreibender Schweizer Schriftsteller arbeitet. Mein Kollege führte aus, daß sich dieser Autor in einer einzigartigen Situation befinde: er rede in der einen Sprache und schreibe in der andern. Einer solchen Exklusivität des Problems konnte ich nur schwerlich zustimmen.

Da schreibt ein nigerianischer Autor auf englisch. Bei hundert Sprachen im Land geht es nicht ohne Koiné, eine gemeinsame Sprache. Das große Thema dieses Autors ist das Selbstbewußtsein seines Volkes, der Weg zu sich selbst, und die Loslösung von den kolonialen Fesseln der Vergangenheit. Aber dieses Thema wird in der Sprache der einstigen Kolonialherren angegangen.

Oder ein Autor aus Kenya schreibt sowohl in seiner Stammessprache wie auf englisch. Dieser doppelte Gebrauch von Sprache ist nicht nur ein linguistisches Problem, denn mit jeder dieser Sprachen erreicht er ein völlig anderes Publikum. Es ist aber möglich, daß das gleiche Theaterstück auf englisch von der Regierung toleriert wird, in der afrikanischen Version aber die Zensur auf den Plan ruft.

Oder ich denke an die Begegnung mit einem philippinischen Autor. Er stammte aus dem Norden von Luzon. Er redet in einer Sprache, für die es noch keine Schrift gibt. In der Schule lernte er die Nationalsprache Tagalog, aber auch englisch. Ob er auf Tagalog oder englisch schreibt, er tut es in jedem Fall in einer »fremden«, d. h. im Nachhinein erlernten Sprache.

Angesichts solcher Spannungen und Konflikte geniere ich mich einfach, vom Leiden an der helvetischen Situation zu reden, als sei diese ein Unikat von Schicksal.

Nun kann man in der Aufstellung von »Ethnologue«, die den Anlaß zu diesen Gedankengängen gab, lesen, man rede in der Schweiz fünf Sprachen. Neben deutsch, französisch, italienisch und rätoromanisch auch »Schwyzertütsch«. Wir wissen zwar, daß es dieses »Schweizerdeutsch« streng linguistisch nie gab, obwohl Deutsche lange daran geglaubt haben. Aber wir erfahren anderseits, daß seit einigen Jahrzehnten ein solches Schweizerdeutsch sich immer mehr herausbildet. Die Gründe dafür sind verschieden.

Da ist die Binnenwanderung, der Zuzug in die Städte und die Heranbildung städtischer Agglomerationen. In ihnen schleifen sich die ursprünglichen Dialekte ab, sowohl jene der Zugewanderten wie der der Einheimischen. Es entsteht eine Mundart, die sich nicht mehr rein regional festlegen läßt. Zudem wird die Umgangssprache nicht zuletzt durch den Slang geprägt.

Diese Entwicklung zu einer »Vereinheitlichung« des Dialektes fördern die gesprochenen Massenmedien, das Radio und vor allem das Fernsehen. Sprachusanzen, Gepflogenheiten, ob Sitte oder Unsitte, werden durch diese überregionalen Medien verbreitet, und diese tragen zur Angleichung bei.

Binnenwanderung, das Anwachsen städtischer Agglomerationen und Massenmedien als sprachbildende Elemente, das läßt sich auch aufzeigen in jenen Dritte-Welt-Ländern, die vor der Aufgabe stehen, eine Nationalsprache zu schaffen, die Philippinen, Malaysia oder Indonesien etwa, um nur drei asiatische Beispiele zu nennen. Mit Überraschung stellt man fest, daß in einem hochentwickelten Land wie der Schweiz gleiche Gesetzlichkeiten bei der Bildung von Sprache spielen.

Nun hat aber die Heranbildung eines Schweizerdeutschen noch einen anderen, gleichsam ideologischen Grund. Man pflegt die Mundart bewußt, indem man den Anwendungsbereich der Schriftsprache gezielt einengt. So nuancenreich der Dialekt zum Beispiel im Benennen von Sinneserfahrungen ist, er hat überhaupt keine Schulung, was das abstrakte Denken betrifft. So denken wir hochdeutsch und übersetzen in die Mundart zurück, woraus ein Unding zwischen Mundart und Hochdeutsch entsteht – »was me in Betracht zieh sött«.

Diese Art, die Mundart zu favorisieren, soll schweizerisches Selbstgefühl stärken. Aber als deutschsprachiger Schweizer ist man innerhalb der eigenen Sprache zweisprachig – es ist nicht so, daß uns allein die Mundart ausmacht und noch so etwas wie ein Schriftdeutsch dazu kommt. Sondern dieses Schriftdeutsch gehört unabdingbar zur Schweiz, dank ihm partizipiert sie an einem größeren Kulturraum, der wiederum ohne sie nicht denkbar ist. Was sich als Stärkung eigener Kultur ausgibt, ist ein Beitrag zu deren Verarmung, ein Kuhglocken läutender Selbstbetrug.

Arbeit und Freude

Dialekt reden und ihn kennen ist nicht das gleiche. Das ging mir auf, als ich das »Zürichdeutsche Wörterbuch« von Albert Weber und Jacques M. Bächtold zur Hand nahm.

Ich blätterte darin und blieb beim »a« schon stecken. Nämlich beim Wort »arbeiten«. Und ich staunte, wie viele Ausdrücke es dafür gibt, ganze Kolonnen.

Da wird nicht nur »gschaffet«, sondern auch »gwerchet«, »gwerblet« und »büglet«. Es wird sogar »trawäled«. Das habe ich allerdings noch nie gehört. Oft, wenn ich ein Buch lese, das in Dialekt geschrieben ist, stoße ich auf Ausdrücke, die mir nicht bekannt sind. Vielleicht verkehre ich auf den falschen Straßen und in den falschen Kneipen. In den Bars, wo ich auftauche, würde man zum Beispiel viel angelsächsischer sagen »jobben«. Aber es gibt nun einmal einen Unterschied zwischen einem Dialektwörterbuch und dem, wie sich die Leute ausdrücken.

Aber sonst, ich konnte mich nur wundern, wieviel Wörter uns für »arbeiten« zur Verfügung stehen; schon diesem Wortschatz nach gehören wir auf der Welt zu denen, die es haben, und nicht zu den Habenichtsen.

Wir machen auch, was das »Schaffen« betrifft, enorme Unterschiede: »arbeiten gemächlich« ist »schäffele«, und »arbeiten genau, aber erfolglos« ist »füsele«; »arbeiten gleichgültig« ist »lale« und »liire«, und »arbeiten improvisiert« bedeutet soviel wie »chünschtle« oder »zämmechüechle«. Und »arbeiten flüchtig« kann man auf verschiedene Arten: man kann »haudere, pfudere, schludere und schutzle«. Wenn wir hingegen »arbeiten unergiebig«, dann tun wir »chüngele«, und beim »arbeiten träge« tun wir »plämperle«.

Bislang war mir nicht bewußt, auf wie viele Arten man arbeiten kann. Da soll noch einer behaupten, wir hätten keinen Sinn für Finessen. Ich frage mich, ob andere Völker auch auf so vielfältige Weise »arbeiten schwer« und dabei »chrampfed, chrüppled, morched« und »ochsed«. Möglich, daß sie eine längere Kolonne für »arbeiten langsam« haben als wir, die in diesem Falle »gvätterlet, laaret und tökterlet«.

Das reiche Vokabular fürs Verb »arbeiten« wiederholt sich beim Substantiv. Da gibt es »Arbeit« die »anstrengend, ermüdend, geisttötend, groß, hart, klein, knifflig, mühsam, schlecht, schwierig, streng, unergiebig und unwesentlich« ist, und dementsprechend haben wir einen »Stäiss, en Moorx, en Soustäiss, en Löölitschob, en Türgg, e Chrottete, e Muurxete, e Säichaarbet, en Souchrampf und e Soubüez«.

Merkwürdig ist nur, daß wir keinen besonderen Ausdruck haben für »arbeiten schön«.

Daraus könnte einer voreilig schließen, daß wir etwas gegen die Arbeit hätten. Aber das ist ein Irrtum. Wir hängen an ihr. Aber wir drücken uns eben auf unsere Weise aus, mit understatement, wie man anderswo sagen würde. Patrioten sind wir ja auch nicht, wenn wir die Landeshymne singen. Da kommt einer kaum bis zum Schluß der ersten Strophe und schon gar nicht über die zweite hinaus. Patrioten sind wir, indem wir schimpfen. Das ist für uns eine Form des Bekenntnisses. Solange einer schimpft, ist er anhänglich.

Ich wurde dann aber doch neugierig, wieviel Ausdrücke wir haben für »sich freuen«. Doch da steht nur ein einziges Wort: »fröie«. Fertig. Obwohl ich mir zum Beispiel denken könnte, daß »gfreudelet« durchaus ein Dialektwort sein könnte. Aber nein, wir kommen mit einem einzigen Ausdruck durch. Anscheinend freuen wir uns nicht mit Nuancen. So gibt es kein »sich freuen improvisiert« oder ein »sich freuen gleichgültig«, kein »sich freuen flüchtig« und kein »sich freuen hart«, wir freuen uns weder »gemächlich« noch »im Taglohn«. Und dies, obwohl ich in meiner Umgebung Leute kenne, die sich knifflig freuen, mit Anstrengung und geradezu ermüdend, die »sich freuen unergiebig«.

In dem Zusammenhang kam mir in den Sinn, daß ich einmal folgendes gelesen hatte: Es gab Indianervölker in den Anden, die gar kein Wort für »arbeiten« hatten. Und nicht, weil sie nichts getan hätten; sie haben Landschaften terrassiert und Bewässerungssysteme angelegt. Sie hatten auch keinen Ausdruck für »Hunger leiden«. Zu dem kamen sie erst, nachdem Europäer und Christen die Macht erobert hatten. Und da sie unter der neuen Herrschaft ein Wort für »arbeiten« brauchten, übernahmen sie aus dem Spanischen das Wort für »sterben«, wohl einfach deswegen, weil sie bei ihrer Arbeit draufgingen, oder wie wir in unserem Dialekt in Anspielung auf ein Hundeleben sagen würden, sie haben sich »abghundet«. Aber wer weiß, vielleicht hatten sie mehr als ein Wort für »sich freuen«.

Alphorn mit Bambus

Ein Land mit vier Sprachen und somit vier Kulturen, diese friedlich nebeneinander, und das Ganze im Herzen Europas – was für ein Glücksfall der Geschichte.

So lernten wir es, und wir waren gerne bereit, an das zu glauben, was wir lernten, bis wir merkten, daß das Schulbuch selber umlernen mußte.

Schon mit der Geographie haperte es. Es gibt nun einmal ein östliches, slawisches Europa, und dieses gab es, bevor die ideologische Barriere niederging; aber dieses Europa ist von uns weit entfernt. Wenn schon etwas im Herzen von Ganzeuropa läge, wäre es eine Stadt wie Wien, wo das westliche und östliche Europa aufeinanderstoßen, ein Herz allerdings mit Randlage.

Die Schweiz lag von vornherein im Herzen eines reduzierten Europas, eines germanisch-französisch-italienischen. Europa wurde als Nachbarschaft und Ellenbogennähe aufgefaßt. Schon das angelsächsische und erst gar das iberische Europa lagen für dieses Herz abseits. Als Binnenländer neigten wir dazu, Europa als einen uferlosen Binnenkontinent zu betrachten.

Aber sogar als westliche Herzkammer hatten wir Probleme. Als die westeuropäischen Staaten sich zusammenzuschließen begannen, wurde die Schweiz zwar auch Mitglied des Europarates in Straßburg; aber wir konnten vorerst die Konvention der Menschenrechte nicht unterzeichnen, weil die Frauen bei uns noch nicht über das Wahl- und Stimmrecht verfügten und sich in unserer Verfassung religiöse Ausnahmeartikel fanden, die als Verletzung von Grundrechten galten.

Ja, das Herz hatte umzulernen, und sei es nur, um im Rhythmus der Zeit zu schlagen.

Aber dennoch – wir liegen mitten in einem Zentralgebirge wie den Alpen. Wenn wir etwas zu bieten haben, sind es Übergänge, vom einstigen Saumpfad bis zum heutigen Gotthard-Tunnel. Eine Transversale zu offerieren kann dazu animieren, einfach durchzufahren. Aber das war auch wieder nicht gemeint und war schon gar nicht im Sinne der Gastwirte, die von den Fremden erwarten, daß sie eine Rast einlegen.

Was eine geographische Lage ist, wurde hochgeistig interpretiert. Die Tatsache, daß mit Deutsch, Französisch und Italienisch drei europäische Sprachkulturen aufeinanderstoßen und sich überlappen, wurde als Mission aufgefaßt. Die Schweiz ein Spiegel Europas, ein Europa in nuce, die europäische Vermittlerin par excellence, Helvetia mediatrix, wie das im klassisch-neutralen Latein der Confoederatio Helvetica (CH) hieß.

Aber der Geist ist weder auf Pässe noch auf Brücken angewiesen. Er hüpft und springt unabhängig von der Geographie. Zudem, schon geographisch muß man von Hamburg oder Frankfurt nach Paris nicht über Zürich oder Bern fahren, und von Paris nicht über Genf, um nach Berlin oder Mailand zu gelangen. Ganz abgesehen davon, daß man statt des Gotthardpasses den zwar weniger spektakulären, aber dafür bequemeren Brenner benutzen kann.

Nein, wir boten nicht jenen Brückenschlag, zu dem uns die Geographie so umsichtig vorgesehen hatte. Aber wie sollten wir auch international Kulturen vermitteln, wenn wir schon mit den eigenen im Land Probleme haben.

Die Vielsprachigkeit hat ja nicht einmal uns selber als Brücke gedient. Als es wegen der italienischen Gastarbeiter zu einer Überfremdungsdebatte und zu Ausländerfeindlichkeiten kam, hat es wenig genutzt, daß wir eine italienischsprachige Schweiz haben.

Das Nebeneinander war kulturell nicht ein Miteinander, sondern ein Neben-dem-andern. Wir lebten und ließen leben, indem wir von den andern kaum Kenntnis nahmen, und das wirkte sich als Rücksicht aus. Wir pflegten ein schöpferisches Desinteresse, das wir als Toleranz und Liberalismus ausgaben.

Bis auf den heutigen Tag ist die Forderung aktuell, die eine Sprachregion möge vermehrt von der andern Kenntnis nehmen. Was die optischen oder akustischen Künste angeht, so ist dies leichter zu bewerkstelligen. Aber für die Sprachkulturen bestehen Sprachbarrieren, und diese sind nur dank Übersetzungen zu durchbrechen.

Das Land der vier Sprachkulturen ist ein Land von vier Übersetzungskulturen. Ein übersetzter Autor ist aber noch nicht ein gelesener Schriftsteller. Die Übersetzertätigkeit ist nur ein halber Schritt, wenn sie nicht mit einer kontinuierlichen gegenseitigen Kulturinformation verbunden ist.

Sicher, man sagt dem Schweizer Sprachgewandtheit nach. Für die kleinen Minoritäten der Rätoromanen und Italienischsprechenden ist die Zweisprachigkeit fast unerläßlich. Soweit eine Tätigkeit nationale Belange betrifft, geht es nicht ohne eine zweite Nationalsprache. Aber man kann ein schweizerisches Leben in ungestörter Einsprachigkeit verbringen. Und selbst wenn man Kenntnisse in einer zweiten Sprache besitzt, heißt das noch lange nicht, daß diese auch für Lyrik ausreichen, sofern dafür überhaupt ein Interesse besteht. Die Vielsprachigkeit steht mehr im Dienst der Hotellerie als der Literatur.

Aber auch ein desinteressiertes Nebeneinander garantierte noch nicht den Frieden.

Wenn die Schweiz 1979 zu einem neuen Kanton kam, zum sechsundzwanzigsten, dem Kanton Jura, stand hinter dieser politischen Emanzipation nicht zuletzt eine kulturelle Rebellion: die Auflehnung des französischen katholischen Jura gegen ein mehrheitlich deutschsprachiges und protestantisches Bern.

Aber die Probleme müssen nicht immer zum offenen Konflikt werden. Es fand eine schleichende Entwicklung statt, die nicht minder Konsequenzen hat.

Zwar lernt der junge Schweizer nach wie vor in der Schule als erste Fremdsprache die Sprache einer andern Sprachregion. Aber das Englisch erweckt als Weltsprache ein größeres Interesse als die Fremdsprachen des eigenen Landes.

Es zeichnete sich eine Germanisierung der italienischen und rätoromanischen Schweiz ab, und dies als Folge einer wirtschaftlichen Entwicklung, die in entscheidendem Maße von der deutschsprachigen

Schweiz initiiert wurde, ein Aufschwung, der auf Kosten angestammter kultureller (und damit auch sprachlicher) Tradition ging.

Und im Falle des Rätoromanischen sind die Alarmzeichen so beängstigend, daß gar die Rede davon war, diese Minderheitensprache würde verschwinden, falls man dem nicht in letzter Minute Einhalt gebiete.

Und das Deutsche erlebt seit fünfzehn Jahren eine unbekümmerte Dialektwelle. Die Mundart ist in Bereiche vorgedrungen, die bisher dem gesprochenen Hochdeutsch vorbehalten waren, in die elektronischen Medien, in Schule und Kirche. Und dies in einem Maße, daß sich der Bundesrat, die Regierung, zur Mahnung veranlaßt sah, daß auch das Hochdeutsche eine »schweizerische Sprache« sei. Ein solcher Aufruf wurde aus nationaler Besorgnis erlassen, weil die Mundart die Verständigung mit den anderssprachigen Schweizern erschwert, wenn nicht gar verunmöglicht. Aber zu dieser innerschweizerischen Sorge kommt eine andere, nicht minder wichtige. Durch die »Dialektisierung« wird ein Graben zur (hoch-)deutschen Kultur aufgerissen. Die deutschsprachige Schweiz ist aber kulturell, gebend wie nehmend, Teil eines größeren Sprachkulturraumes, wie dies auch für die französische oder italienische Schweiz zutrifft. Kulturelles

Bewußtsein deckt sich nicht mit nationalem, sondern übersteigt es schon kraft der Sprache. Die Mundart-Propagandisten zerstören gerade die Eigenart, die sie vorgeben zu retten; denn wenn schon, beruht die Eigenart darauf, dank der Mundart und des Hochdeutschen zweisprachig innerhalb der eigenen Sprache zu sein.

Die kulturelle Vielfalt, sie ist zunächst einmal eine Vielfalt von Problemen. Aber das ist etwas, was wir nicht mögen. Wir lieben die Vorstellung, daß wir die Probleme ein für alle Mal gelöst haben, und dies in vorbildlicher Weise. Wenn es schon Probleme gibt, sind die fürs Ausland, uns selber ist der Frieden vorbehalten, und wir sind auch fest entschlossen, in Stellvertretung für die andern, diesen Frieden zu leben.*

Nun hat die Tatsache, daß in einem Land vier verschiedene Kulturen existieren, zur Überzeugung geführt, die Schweiz sei als Nation das Ergebnis eines »politischen Willensaktes«. Das stimmt auch; sie ist als Nation nicht, im Sinne der Romantik, das Ergebnis einer gemeinsamen Sprachkultur.

---

* Diese Bemerkung ist mit etwas Ironie zu lesen. Wir sehen uns zu diesem Hinweis veranlaßt, weil ein junger Schriftsteller-Kollege, der aus dem Lehrerstand stammt, gegen diesen Satz polemisierte. Ironie ist nun einmal kein Schulfach. Allerdings konnten wir nicht alle ironischen Stellen mit einer Fußnote versehen, da dies schon graphisch ein unschönes Bild ergeben hätte.

Nur, solch homogene Staaten sind keineswegs das Normale. Schon in Europa nicht und noch weniger außerhalb Europas. Die beiden Großmächte, die USA und die Sowjetunion, können ihre vielrassischen und vielsprachigen Völkergruppen nur kraft eines »politischen Willensentscheides« als Nation definieren, wie unterschiedlich auch immer die politischen Willensentscheide sein mögen. Und richtet man den Blick nach Lateinamerika, Afrika oder Asien, ein Nebeneinander von verschiedenen Sprachen und Kulturen innerhalb von Nationalgrenzen ist das Übliche, wobei die Unterschiede in Rasse und Religion Provokationen ganz anderen Maßes sein können.

Unser politischer Willensentscheid, er ist nicht ein Sonderfall, wie wir gerne annehmen möchten. Aber wir hängen nun einmal an der Vorstellung vom Sonderfall, wonach man grundsätzlich zwischen der Weltgeschichte und der Schweizergeschichte unterscheidet, als gäbe es in Historie und Schöpfung einen schweizerischen Ausnahmeartikel.

Wenn aber seit 1945 etwas zur Debatte steht, ist es dieser »Sonderfall«, und die Debatte hält in dem Maße an, als sich dieser Sonderfall als fixe Idee behauptet.

Dieser Sonderfall aber steht zur Debatte, weil das, was wir leben, und das, was wir von uns denken

und von uns halten, sich nicht decken – als hoch-
industrialisierte Nation sind wir wirtschaftlich weltweit verflochten, aber wir mögen nicht, daß eine
solche Interdependenz auch für unser Selbstverständnis Konsequenzen hat und neue Verantwor-
tungen mit sich bringt, wir pflegen ein eigenes
Gärtchen und betrachten uns als weltläufig, weil die
Tafel »Bitte nicht betreten« viersprachig ist.

Aber so einfach ist es eben nicht mit der Eigenart.
Auch für sie gibt es immer mehr Interdependenz.
Sicher, wir können noch aus eigener Atemkraft
jodeln, aber das Problem fängt schon beim Alphorn
an. Denn was ein richtiges Alphorn ist, wird mit
Bambus eingewickelt – in welchem Alpental aber
wächst Bambus?

Objektiv und ausgewogen

Gestern stürzte in O. ein Dachdecker vom Kirchturm; der italienische Gastarbeiter S. A. (34) hinterläßt eine Frau und drei Kinder.«

Das ist eine Nachricht. Genauer: es wäre eine Nachricht. Vielleicht noch eine für die Zeitung oder das Radio. Aber sicher nicht fürs Fernsehen. Jedenfalls muß sie, sollte sie am Bildschirm durchgegeben werden, vorher genauestens geprüft werden.

Denn was wir am Fernsehen als Information vorgesetzt bekommen, muß »objektiv und ausgewogen« sein. So lautet der Beschluß unseres Parlaments. Das ist ein Beschluß, der Weisheit enthält, schweizerische Weisheit, die sich dadurch auszeichnet, daß sie nicht ganz objektiv ist, sondern immer auch schon ein bißchen ausgewogen.

»Objektiv« ist eine viel zu intellektuelle und abstrakte Konzeption von Wahrheit. »Ausgewogen« entspricht schon eher unserer Vorstellungskraft. Das hat etwas mit einer Waage und einem Krämer zu tun. Man sollte auch bei der Wahrheit auf die Konsumgewohnheiten Rücksicht nehmen.

Demnach gibt es für die Wahrheit einen Richtpreis, der nie ganz dem entspricht, den man tatsächlich bezahlt, ganz abgesehen davon, daß sich die Frage stellt, ob man in Zukunft nicht auch die Wahrheit mit dem Frischhaltestempel versehen soll. Man weiß nur allzugut, wie rasch Wahrheit verdirbt.

Dementsprechend muß die Nachricht vom Dachdecker, der vom Kirchturm fiel, nicht nur daraufhin geprüft werden, ob sie objektiv, sondern auch ob sie ausgewogen ist.

Es ist damit zu rechnen, daß sich vorerst einmal die Vertreter katholischer Interessen zu Wort melden. Eine Nachricht wie die vom Dachdecker muß diffamierend wirken, da ein tödlicher Unfall im Zusammenhang mit der Kirche gebracht wird. Kirchtürme sind zwar nicht da, um Unfälle zu verhüten, aber doch, um darüber hinwegzutrösten, weshalb bei einer Nachricht wie der vorliegenden äußerste Skepsis geboten ist. Die Kommission, welche die Nachricht auf ihren Wahrheitsgehalt prüfte, empörte sich um so mehr, als sich herausstellte, daß es sich bei besagtem Kirchturm nicht um einen katholischen, sondern um einen evangelisch-protestantischen handelte. Darum wurde gefordert, die Nachricht müsse so lauten:

»Vorgestern stürzte in O. ein Dachdecker von einem protestantischen Kirchturm . . .«

Dieser Fassung konnten die Vertreter evangelisch-protestantischer Interessen nicht zustimmen. Sie bedauerten, daß der tragische Unfall des Gastarbeiters S. A. zum Anlaß einer solchen Polemik genommen wurde, und ließen durchblicken, sie würden in Zukunft gezwungen sein, bei Krediten für die Renovation katholischer Kirchtürme und Kirchendächer Zurückhaltung zu üben. Doch konnte der offene Konflikt vermieden werden. Denn die ökumenische Schlichtungskommission einigte sich auf den jüdischen Vermittlungsvorschlag:

»Vor einiger Zeit soll, wie man hört, ein Dachdecker fünfzehn bis siebzehn Meter in die Tiefe gestürzt sein ...«

Doch im Grunde war die Auseinandersetzung über die Konfession des besagten Kirchturms längst in den Hintergrund getreten. Ganz andere Bedenken wurden vorgebracht. Der Verband der Gewerbetreibenden hatte schon längst gegen die ursprüngliche Formulierung der Nachricht Protest eingelegt, da eines seiner Verbandsmitglieder, der Dachdeckermeister-Verband, in ein schiefes Licht gestellt werde. Einmal mehr forderten die Gewerbetreibenden eine ausgewogene Darstellung und schlugen als Nachricht vor:

»Aus eigenem Verschulden stürzte in O. ein Dachdecker 17 Meter in die Tiefe.« Doch war der

Gewerbeverband aufs tiefste bestürzt, als in der endgültigen Fassung stand: ». . . Der italienische Gastarbeiter S. A. (34) hinterläßt eine Frau und drei Kinder in ungesicherten Verhältnissen.«

Die Version des zweiten Teils der Nachricht stammte von einem jüngeren Mitarbeiter der Tagesschau, von dem gemunkelt wurde, er sei eingeschriebenes Mitglied der Sozialdemokratischen Partei. Das brachte nun einige Freisinnige auf den Plan, die sonst zwischen den Gewerbetreibenden und Unternehmern fein unterschieden. In einem solch tendenziösen Falle sähen sie sich veranlaßt, gegen die unternehmerfeindliche Art der Fernsehnachrichten Einspruch zu erheben.

Gleichzeitig sprachen die Republikaner und die Vertreter der Nationalen Aktion vor. Sie kamen mit Unterlagen. Aus ihrer Statistik ging eindeutig hervor, daß bei den tödlichen Arbeitsunfällen die Fremdarbeiter von der Tagesschau favorisiert wurden. Auf fünf tödliche Arbeitsunfälle von Ausländern kam nur einer eines Einheimischen. Es wurde verlangt, daß in Zukunft die tödlichen Arbeitsunfälle schweizerischer Arbeiter vermehrt berücksichtigt würden. Als Formel wurde vorgeschlagen: Nur jeden dritten tödlichen Arbeitsunfall eines Ausländers zu melden.

Nach Sichtung der eingegangenen Vorschläge

und nach Berücksichtigung der angemeldeten Bedenken zur Nachricht über jenen Dachdecker, der von einem Kirchturm in die Tiefe zu Tode gestürzt war, konnte sich das Fernsehen auf eine mediengerechte Fassung einigen. Eines Abends meldete die Tagesschau:

»Vor drei Wochen verringerte sich der Bestand der in der Schweiz tätigen Dachdecker definitiv um eine Person.«

Die achte Todsünde

Einer der kostspieligen Aufträge des Schweizer Fernsehens galt einer Serie von Filmen über die »sieben Todsünden«.

Ein herrliches Thema, zumal die Filme-Macher die Absicht hatten zu zeigen, daß wir Schweizer für solche Todsünden nicht geeignet sind.

Tatsächlich: Wenn wir einen Schweizer (oder eine Schweizerin) träfen, der (oder die) zum Beispiel sich sagenhaft der Wollust ergäbe oder unendlicher Faulheit obläge, müßten wir ob solcher Rarität nicht empört, sondern zutiefst erfreut sein.

Aber solches Suchen ist müßig. Das hängt damit zusammen, daß uns Todsünden nicht liegen. Denn Todsünden sind radikale Sünden. Unsere Sparten sind mehr die läßlichen Sünden, kleine, dafür viele, weil wir die Region und die Gemeindeautonomie auch beim Sündigen mitberücksichtigen müssen.

Wir pflegen die Sünden, die nicht so schlimm sind. Deswegen kann auch die Bestrafung nie so schlimm ausfallen, selbst auf die Gefahr hin, daß es auch mit der Belohnung nicht so weit her ist.

Läßliche Sünden sind verläßliche Sünden. Mit unserem gesunden Sinn für die Mitte haben wir nichts für Extremfälle wie Himmel und Hölle übrig. Wir sind für die Mitte, und in der Mitte liegt das Fegefeuer.

Ein solches Jenseits entspricht unserem schweizerischen Diesseits: das Glück auf kleinem Feuer kochen, damit es nicht anbrennt, und stets im Unglück rühren, damit es bald gar wird.

Aber vielleicht sieht es gar nicht so hoffnungslos aus mit unserer Fähigkeit zu sündigen. Vielleicht ist es einfach nur so, daß unsere Todsünden noch gar nicht auf der üblichen Liste vorkommen, wo von Stolz, Neid, Wollust, Faulheit, Völlerei, Habsucht und Zorn die Rede ist. Wenn wir als Schweizer einen Sonderstatus in der Weltgeschichte einnehmen, liegt es nahe: wenn schon Todsünden, dann solche, die unserer Eigenart entsprechen.

Um das zu verstehen, hilft vielleicht eine Sage weiter, wie man sie von der »Muffigen Alp« erzählt.

Da war einmal ein junger Senn, der besaß ein »Schachteli«, eine Art Schatulle, die war geschnitzt und bemalt, und der Senn achtete sehr darauf.

Dieses »Schachteli« erregte überall Neugier. Nicht nur auf der Alp, sondern auch in Tal und Tobel.

Alle andern Sennen wunderten sich, was es wohl

für eine Bewandtnis habe mit diesem Schachteli; viele waren überzeugt, daß der Senn darin Kostbares verstecke.

Aber eines Tages öffnete der Senn das Schachteli. Der Innendeckel und der Boden waren bemalt, das Schachteli war leer und war bloß schön.

»Ihr seid neidisch«, sagte die Serviertochter im »Gemsbock«, als sich die andern Sennen über das Schachteli ausließen.

»Ach was«, antworteten die. Es war tatsächlich so, daß keiner das Schachteli haben wollte, es stand und lag sonst schon genug Zeug in Stall und Haus herum.

Aber nachdem sie wußten, daß nichts dran war, waren sie erst recht beunruhigt. Jeder fragte sich: Wozu braucht der ein solches Schachteli? Sie waren um so unruhiger, als der Senn an seinem Schachteli Freude hatte und diese sogar zeigte.

An einem langen Winterabend brach einer der andern Sennen im »Gemsbock« das Schweigen:

»Da könnte jeder kommen . . .« Alle nickten: Ja, da könnte jeder kommen und ein solches Schachteli haben. Alle sahen sich an, erkannten sich im muffigen Gesicht des andern wieder und begriffen, weshalb ihr Schicksal von der »Muffigen Alp« bestimmt war.

Der, welcher schon gesagt hatte, da könnte jeder kommen, nahm nochmals tief Atem, die anderen taten einen großen Schluck, bevor sie sich den zweiten Satz anhörten, zu dem der Redner eben ausholte: »Wo führt das hin!«

Einer am untern Tischende pflichtete bei: »Wo führt das hin, wenn jeder von uns mir nichts, dir nichts plötzlich anfängt, fröhlich zu werden!«

Alle spürten die Bedrohung und schauten mit verbissenem Mund durchs Fenster auf den Ewigen Firn.

»Wozu braucht der ein solches Schachteli? Unsereins kommt auch ohne solche Schachteli aus, und dies seit Generationen!«

Sie waren sich einig, daß man auf der Hut sein mußte. Sie beschlossen, auf den Senn mit dem Schachteli aufzupassen; als erstes zählten sie in seinem Käse die Löcher nach.

»Ich habe mich geirrt«, sagte die Serviertochter. »Ihr seid nicht neidisch. Das wäre noch menschlich: etwas haben wollen, das der andere hat. Ihr seid mißgünstig: Ihr gönnt dem andern nicht, was ihr selber gar nicht haben mögt.«

Der Lehrer klatschte; er applaudierte einem Schulsystem, das auch Serviertöchter dazu bringt, feine Unterschiede zu machen. Nach einem Schluck meldete er sich erneut zu Wort. Alle horchten auf, obwohl er nur Ziegen und Schafe und keine Rinder besaß.

»Wir sorgen nur dafür«, sagte der Lehrer, »daß nicht irgendeiner die Ordnung mit irgendeinem Schachteli stört.«

Alle staunten ob dem Verantwortungsbewußtsein, das auf sie zukam. Sie hoben mit dem Glas ihre Schwurfinger und gründeten einen Bund.

»Nein«, lächelte der Lehrer zur Serviertochter. »Das ist nicht Mißgunst, das nennt man Demokratie.«

Militärische Exkursion verschoben

Daß ich ein regelmäßiger Leser des »Schweizer Soldaten« bin, wäre übertrieben. Aber ich möchte die Unterlassungssünde dadurch wettmachen, daß ich mir vornehme, wenn schon kein regelmäßiger, so doch ein guter Leser zu werden.

Und es lohnt sich, diese »Monatszeitschrift für Armee und Kader« zu lesen. In der Novembernummer 1973 zum Beispiel findet man einen Bildbericht über »Portugals Soldaten in Afrika«. Darin erfährt man Dinge, die man sonst nirgends erfahren kann.

»Einmal mehr«, beginnt die redaktionelle Notiz, »ist die westliche Welt aus der Giftküche der internationalen kommunistischen Propaganda desinformiert worden. Wegen erfundener Grausamkeiten hat man Portugals Soldaten an den Pranger gestellt.«

Es handelt sich um Vorkommnisse, worüber englische Wochenzeitungen wie »Sunday Times« und »Observer« berichtet haben, Dinge, worüber auch der »Spiegel« schon verschiedentlich schrieb. Um Grausamkeiten, wogegen Priester protestierten. Daß sie alle, von den schweizerischen Zeitungen zu schweigen, zur »Giftküche der internationalen kommunistischen Propaganda« gehören, das mußte einmal festgehalten werden, und der »Schweizer Soldat«, er tat es.

»Seit mehr als neun Jahren kämpfen etwa hunderttausend portugiesische Soldaten, davon achtzig Prozent Schwarzafrikaner, einen Guerilla-Krieg gegen die vom Ausland gesteuerten und finanzierten (unter anderem auch vom Weltkirchenrat!) Frelimo-Rebellen. Es ist ein blutiges Katz-und-Maus-Spiel, das ohne kommunistische Waffen und westliches Geld gar nie begonnen hätte oder schon längst beendet worden wäre.«

Daß es bei diesem »blutigen Katz-und-Maus-Spiel« um einen Kolonialkrieg geht, das mögen andere wissen, der »Schweizer Soldat« hat da seine eigne Meinung. Daß es bei diesem letzten Kolonialkrieg in Afrika um die Unabhängigkeit dreier Staaten geht, mag zwei Drittel der UNO kümmern, einen Weltkirchenrat, eine schwedische Regierung, sozialistische Parteien in Westeuropa oder Intellektuelle und Journalisten oder eine portugiesische Opposition oder gar die betroffenen Schwarzafrikaner selbst – für den »Schweizer Soldaten« sieht das alles anders aus.

Der »Schweizer Soldat« bringt nämlich einen Tatsachenbericht, d. h. eine redaktionelle Notiz, die wir bis auf einen Satz bereits zitiert haben, neun Bilder und entsprechende Legenden dazu, damit die Welt endlich einmal die Wahrheit schwarz auf feldgrau erfahre.

Und dieser Bericht ist von einem Fachmann geschrieben, das merkt man schon an der Sprache. Die Legende zum dritten Bild lautet nämlich so: »Ein plötzlicher Feuerüberfall aus dem Busch zwingt die Truppe zur Entfaltung.«

Wenn die Truppe sich entfaltet, sieht das so aus: Sie geht mit aufgepflanztem Bajonett zum Sturmangriff über. Was den Krieg betrifft, muß man nur die rechte Terminologie beherrschen. Wenn ein Dorf niedergebrannt ist, wird man in Zukunft sachgerecht darunter schreiben: »Nach Entfaltung der Truppe«.

Ansonst aber kommt man bei diesem Tatsachenbericht mit der stilistischen Prägnanz eines Tagesbefehls aus. Und da die große Wahrheit immer einfach ist, ist auch so ein Tatsachenbericht recht lapidar; demnach lauten die einzelnen Bildlegenden:

»Trotz schwerem Abwehrfeuer mit Automaten, Minenwerfern und Handgranaten gelingt es den Portugiesen, in den dichten Busch einzudringen und / das Rebellennest zu zerstören. / Bei dieser Operation müssen weitere Verluste in Kauf genommen werden. / Nach Abschluß des Gefechtes werden die Verwundeten versorgt und mit den durch Funk herbeigerufenen Helikoptern evakuiert. / Während sich die vom Kampf erschöpfte Truppe ausruht, behandeln die Sanitäter auch die verwundeten Dorfbewohner, die vor dem Eingreifen der Truppe von den Frelimo-Rebellen gewaltsam in den Busch verschleppt worden waren.«

Mit solchem Text und solchem Kommentar zieht die soldatische Monatszeitschrift unseres Landes gegen die Giftküche der internationalen kommunistischen Propaganda zu Felde. Daß der Krieg von einer der schlimmsten Diktaturen in Europa geführt wird, darüber vernimmt man kein Wort, wichtig ist nur festzuhalten, in welchem Maß sich eine Truppe entfaltet.

Was hier unter dem Deckmantel der Information geschieht, ist die standrechtliche Erschießung eines Problems: Die Unabhängigkeit der portugiesischen Kolonien wird mit helvetischer Orthodoxie ermordet.

Das ist schon schlimm genug – aber man kann sich des weiteren fragen: Wieso fühlt sich der »Schweizer Soldat« berufen, Portugals afrikanischen Kolonialkrieg zu verteidigen?

Vor einiger Zeit haben der frühere Leiter von »Heer und Haus« und der Ausbildungschef der Schweizer Armee bei verschiedenen Gelegenheiten sich mit der Frage befaßt, warum unsere Armee bei der Jugend nicht mehr populär ist. Ich kenne die genauen Analysen dieser Verantwortlichen nicht. Aber ich möchte darauf hinweisen, daß mit ein Grund, weshalb die Jugend unserer Armee gegenüber eine Skepsis hat und haben muß, ein Publikationsorgan wie der »Schweizer Soldat« sein könnte.

Wenn die schweizerische »Monatszeitschrift für Armee und Kader« in einer derartigen Weise weltgeschichtliche Situationen kommentiert und plumpe ideologische Indoktrination verbreitet, dann müßte nicht nur eine Jugend, die den Kopf noch nicht verloren hat, skeptisch werden, sondern auch das Kader selbst, das hier angesprochen wird. Denn der übelste Mißbrauch einer Armee und einer Nation beruht nicht zuletzt darin, seine Mitbürger aus patriotischen Gründen für bodenlos dumm zu halten.

Nun ist der Herausgeber dieser Monatszeitschrift, Ernst Herzig, kein Unbekannter. Im Editorial der Novembernummer kommentiert er den Artikel, den der Schriftsteller Walter Matthias Diggelmann kurz zuvor in der AZ (Arbeiter-Zeitung, Zürich) nach dem Militärputsch in Chile veröffentlicht hat und worin Diggelmann seinem bisherigen Pazifismus abschwört. Ich gebe hier ein paar Zeilen dieses Editorials wieder, indem ich lediglich den Namen Diggelmann durch Herzig ersetze:

»Ich will nicht unbedingt das Gegenteil behaupten, wenn Sie jetzt meinen, dieser Herzig habe nicht ›alle Tassen im Schrank‹ und eine Zeitung, die solchen hanebüchenen Unsinn veröffentliche, müsse sich ja selber das Grab schaufeln. Trotzdem ist dieser Mann ernst zu nehmen.«

Sicherlich, denn ihm ist die »Monatszeitschrift für Armee und Kader« anvertraut worden.

Ich werde in Zukunft vielleicht diese Zeitschrift nicht nur genau, sondern regelmäßig lesen müssen. Ganz abgesehen davon, daß auch der »Schweizer Soldat« Humor hat. Auf der gleichen Seite, wo der Bericht »Portugals Soldaten in Afrika« zu lesen ist, steht folgende redaktionelle Mitteilung:

»Militärische Exkursion nach Israel wegen Kriegs verschoben.«

P.S. (1978)

Angenommen, jetzt, da die Sommer-Rekruten-schulen beginnen, würde man in unseren Zeitungen folgendes lesen:

»Wir wollen einmal oben beginnen, wie geschwollen das auch immer tönen mag. Deine Aufgabe als Soldat wird es sein, die Demokratie zu verteidigen. Denn man mache sich keine Illusionen, sie ist gefährdet. Es gibt Nationen und Terroristengruppen, die es darauf abgesehen haben, die Demokratie zu zerstören. Wir können uns hier nicht über die Gründe und Hintergründe solcher Leute auslassen. Aber weit über die Hälfte der Weltbevölkerung lebt unter der einen oder andern Form der Diktatur. Diese Menschen verfügen nicht über das gleiche Recht wie Du. Über das Recht, abzustimmen und zu wählen, das Recht, so zu beten, wie sie wollen, ihre Meinung frei zu äußern, zu streiken, wenn sie das Gefühl haben, ausgebeutet zu werden.«

Wir würden bei einer solchen Lektüre nicken, auch wenn das mit dem Streiken nicht ganz zu unseren Vorstellungen des Arbeitsfriedens paßt, aber wir würden jedenfalls erwartungsvoll weiterlesen:

»Das alles sollst Du verteidigen. Du sollst als

Soldat auch das Recht Deines Nachbarn verteidigen, Pazifist oder Kommunist zu sein.«

Da allerdings würden doch mehr als nur einige aufhorchen. Zumal dieser Text nicht in einem linken oder liberalen Blättchen oder in einer obskuren Zeitschrift stünde, sondern in den großen Tageszeitungen. Man würde noch mehr aufhorchen, wenn gemunkelt würde, daß niemand anders als das Militärdepartement selber für die Formulierung verantwortlich ist. Es würde manchem Verteidiger unserer Heimat mulmig, wenn ferner dastünde:

»In der Meinung vieler ist der Militärdienst die Patentlösung für alles, für den Vandalismus wie für die Ehescheidungsquote. Sie meinen, erst das Militär mache aus einem Buben einen Mann.«

Gerade das meinen bei uns doch so viele. Schon der Volksmund, der weise ist, sagt, ein richtiger Bub brauche Prügel. Was ein Mann werden will, wird das erst, wenn er geschlaucht und gedrillt wird. Denn im Lande Pestalozzis sind weder die Schulen noch die Eltern fähig, aus den Buben Männer zu machen, und auch nicht die Frauen, die sie lieben. Daher sind wir dank der Uniform auch ein Land von Männern, ganz im Gegensatz zu jenen Nationen, die keinen obligatorischen Militärdienst kennen und wo die Buben nie zu Männern werden.

»Angenommen« habe ich geschrieben; denn es

besteht kaum die Gefahr, daß unser Militärdepartement einen solchen Text, aus dem ich eben zitierte,
verfassen wird. Aber die Sätze stammen von Militärs. Nicht von schweizerischen, sondern von engli-
schen, und nicht von einer Dissidentengruppe, sondern vom »National Service« selber. Denn mit
solchen Formulierungen um Freiwillige wirbt er für
eine Armee, die nicht nur am Sandkasten übt,
sondern die Berliner Mauer bewacht und die im
Augenblick in Zypern und Irland eingesetzt wird.

Solch liberale Gesinnung, wie sie sich die englische NATO-Armee erlaubt oder sich mindestens
dem Wortschatz nach gestattet, dürfte bei uns so
offiziell und so laut in den zuständigen Kreisen
schwerlich anzutreffen sein. Dabei würde schon
von der Neutralität her solcher Offenheit nichts im
Wege stehen. Daher wäre es gar nicht schlecht,
wenn unsere Berufsverteidiger das nächste Mal
nicht einfach nur an einem NATO-Manöver teil-
nähmen, sondern beim »National Service« in Lon-
don jene Stelle aufsuchten, die für demokratisches
Verhalten von Offizieren und hohen Militärs zu-
ständig ist.

Jedenfalls kamen mir die zitierten Sätze wie ein
militärischer Märchentext vor, wenn ich bedenke,
wie bei uns mit Militärdienstverweigerern umge-
sprungen wird, und wenn ich mir die ideologische

Basis so mancher Kader- und Schulungskurse vor Augen halte.

Daher habe ich das Inserat des »National Service« aus dem »Daily Telegraph« herausgerissen und in eine Sichtmappe gelegt. Dort bewahre ich auf, was ich nicht gleich nach der Zeitungslektüre wegwerfen mag, und dies nicht nur aus der journalistischen Überlegung, einmal etwas damit anzufangen.

Zutritt für Räuber verboten

Es gibt Verbote, über die ich nicht hinweglesen mag. Deswegen sammle ich sie. Vielleicht für eine Blütenlese dessen, was verboten ist. Wobei ich natürlich nur die allerschönsten Verbote aufnehme und nicht die sattsam bekannten: »Du sollst nicht.«

Es sind Verbote, bei denen sich der Verbietende etwas einfallen ließ. Meine Sammlung habe ich mit einem begonnen, das Jean Paulhan, der französische Kritiker und die einstige graue Eminenz der Pariser-Literaten-Republik, zum Anlaß für ein Buch nahm:

»Es ist verboten, Blumenbuketts in den Park mitzunehmen.« Da heißt es nicht einfach: Blumenpflücken verboten. Wenn nämlich verboten ist, Blumenbuketts in den Park einzuführen, kann man beim Verlassen mit Blumen im Arm nicht behaupten, man habe diese schon gehabt, als man den Park betrat. Gerade das ist verboten: Blumen in den Park mitzubringen, und nicht Blumen zu pflücken.

Zu den Verboten, die ich auf die Seite legte, gehört auch eines, das noch rechtzeitig zur Zürcher Fasnacht herausgekommen ist, nämlich, daß es

Masken verboten ist, während der Karnevalszeit Postgebäude und Banken zu betreten. Ein Verbot, das einige Überlegungen wert ist.

Überraschend an dem Verbot war zunächst, daß es niemanden überraschte. Zehn Jahre früher hätte ein solcher Erlaß nur Kopfschütteln hervorgerufen. Aber inzwischen sind wir viel weiter, die Räuber sind mitten unter uns, die einheimischen wie die fremden.

Wer also zur Fasnachtszeit eine Bank oder eine Post ausrauben will, darf dies nicht als Maske tun. Man muß zu den altbewährten Methoden zurückgehen. Entweder erst in der Halle drin den Damenstrumpf oder die Roger-Staub-Mütze überziehen, oder sich an den Chicago-Stil mit Geigenkasten halten. Musikern ist vorläufig noch nicht verboten, eine Bank zu betreten. Allerdings darf man nicht außer acht lassen, daß auch ein bewährter Stil seine Tücken hat. Man kennt die Geschichte:

Da öffnet ein Junge in der Musikstunde den Geigenkasten, entdeckt darin die Maschinenpistole und schreit auf, weil der Vater nun mit der Violine vor dem Bankschalter steht.

Nun verhält es sich anderseits nicht so, daß jeder Räuber unbedingt während der Fasnacht eine Bank ausrauben will. Ich könnte mir denken, daß auch Räuber gerne Karneval mitfeiern und sich erst nach

Aschermittwoch wieder auf den Ernst des Lebens besinnen.

Aber ein Kalender hat noch viele andere Maskentage.

Wie verhält es sich am Sechseläuten? Wenn da ein Scheich in eine Bank oder auf die Post geht, woher soll man wissen, ob es sich um das Mitglied einer der vornehmsten Zürcher-Zünfte handelt oder um einen Räuber?

Und wie ist es mit dem 1. Mai? Wenn Bürgerssöhne mit dem roten Ansteckbändel und den Parolen drauf einen Tag lang die proletarische Maske tragen?

Und was am 6. Dezember? Gab es da letzthin nicht einen Überfall, ausgeführt von einem in der Kutte des heiligen Nikolaus? Es war nicht der Nikolaus aus Bari, der seinen Sack für Weihnachtsgeschenke füllte.

Man sieht, die Gesetzgebung betreffend Bank- und Postüberfälle ist noch nicht genügend durchdacht.

In einem Punkt zum Beispiel ist keine Änderung eingetreten. Man kann eine Bank nicht nur *vor* dem Schalter, sondern auch *hinter* ihm berauben. Unsere jüngsten Bankprozesse haben gezeigt, wie man eine Bank über Buchhaltung und Bilanzierung ärmer machen kann. Und dies nicht nur während der Fasnachtstage. Wobei allerdings zugegeben werden muß, daß diese Räuber nicht maskiert waren und auch nicht zur Unzeit kamen, sondern sich an die Bürostunden hielten.

Anderseits: Verboten ist der Eintritt in eine Bank nur jenen Räubern, die in der Bank drin einen Raub ausführen wollen. Der Räuber, der draußen seinen Raub begeht, darf nach wie vor die Bank betreten. Auch dann, wenn dieser Räuber ein ganzes Volk ausplündert. Nur eben – dieser Räuber kommt für gewöhnlich als Biedermann. Oder sollte der korrekte Anzug des Biedermanns etwa auch als Maske taxiert werden?

Fast wie in Südamerika

Das ist schon fast wie in Südamerika.« Diese Bemerkung konnte man in letzter Zeit öfters hören und lesen, und zwar im Zusammenhang mit den Ereignissen der »Zürcher Bewegung«, jener Jugend-Unruhen, die im Sommer 1980 ausbrachen: »Das sind schon fast südamerikanische Verhältnisse«.

Südamerikanische Verhältnisse? Fürs erste kenne ich keine solchen, ich kenne Verhältnisse in Argentinien, Brasilien oder Chile, in Guatemala oder Nicaragua, um nicht nur von Süd-, sondern auch von Zentralamerika zu reden.

Argentinische Verhältnisse sind zum Beispiel so, daß sich jede Woche vor dem Präsidentenpalais in Buenos Aires Ehefrauen, Mütter, Schwestern und Töchter zu einem Schweigeprotest treffen, da sie seit Jahr und Monat nichts von ihren Ehemännern, Vätern, Söhnen und Brüdern gehört haben; für sie wurde ein neuer Zivilstand geschaffen: »verschwunden«.

Und zu chilenischen Verhältnissen gehören Foltereinrichtungen der Polizei. Die Methoden sind nicht eigene Erfindung, sie konnten übernommen werden; sie funktionieren nach neuesten wissenschaftlichen Erkenntnissen, ein Arzt pflegt an den Verhören teilzunehmen, da jeder Mensch eine individuelle Schmerz-Toleranz besitzt.

Diese argentinischen und chilenischen Verhältnisse stehen für andere, wie sie in anderen südamerikanischen Ländern in allen Varianten anzutreffen sind.

Nein, solche Verhältnisse können kaum gemeint sein. Selbst dann nicht, wenn einen das Vorgehen der Zürcher Polizei mit Grund erschreckte und einen der Corpsgeist der Polizisten bei den nachfolgenden Prozessen um Übergriffe der Ordnungskräfte mehr als bedenklich stimmte.

Man kann unseren Bedenken entgegenhalten, ein Vergleich mit Südamerika sei nicht wörtlich zu nehmen, er diene lediglich einer verschärften Optik, erst die Übertreibung öffne die Augen, die Analogie sei aus dem Moment heraus zu verstehen – wobei zu bedenken ist, daß Mißbrauch der Sache mit dem Mißbrauch der Worte beginnt.

Zudem wird damit nicht erklärt, weshalb ausgerechnet Südamerika für eine solche Analogie herhalten muß. Würden sich dafür nicht auch afrikanische Terrorregime oder asiatische Diktaturen eignen? Aber die Überlegung ist müßig, da weder afrikanische noch asiatische Verhältnisse Saison haben.

Wie gerne man zum Vergleich mit Südamerika greift, war vor kurzem wieder in einer Gewerkschaftsversammlung zu hören, in der es um Arbeitsverträge in einer Zürcher Druckerei ging. Da brachte ein Votant vor, es herrschten hier bereits südamerikanische Zustände.

An welche Zustände muß man hier denken? An die der bolivianischen Minenarbeiter? An die Mindestlöhne der Brasilianer, die kaum zum Leben ausreichen? An die nicht existierende Sozialgesetzgebung für Taglöhner kontinentauf und kontinentab? Man geniert sich, überhaupt derartige Beispiele heranzuziehen.

Mit welcher Absicht auch immer solche Vergleiche vorgebracht werden, man muß sich dagegen wehren. Einmal wegen uns, die wir verglichen werden, und dann aus Respekt vor jenen, mit denen wir verglichen werden.

Wer einen so voreiligen Vergleich mit Südamerika zieht, begeht an diesem Südamerika Verrat. Wer meint, was bei uns passiert, lasse sich so rasch in Parallele setzen, weiß nicht (oder will nicht wissen), was an Schrecklichem in jenen Ländern möglich ist. Er unterschätzt das Leiden eines Kontinentes, er bringt ihn und seine Länder um ihre Verzweiflung und ihr Elend.

Aber solche Vergleiche sind auch untauglich, was unsere eigene Situation belangt. Wir haben uns auch sonst angewöhnt, in der intellektuellen Auseinandersetzung mit kritischen Worten unkritisch und schnellfertig umzugehen. Wir haben mit Hellhörigkeit die attraktive Verwendung von Worten wie »faschistisch« oder »faschistoid« von der Bundesrepublik übernommen. Aber für uns gilt wie für die Bundesrepublik: Was für Worte benutzen wir, wenn Ereignisse eintreten, die nicht mehr bloß vergleichsweise, sondern nur noch direkt als Faschismus bezeichnet werden müssen?

Was als Warnung gemeint war, erweist sich als Verharmlosung, und dies nicht weniger, wenn sie mit Sirenenstärke vorgetragen wird.

Setzt man unsere Verhältnisse mit denen in Südamerika in Parallele, ist es ein leichtes, anhand »südamerikanischer Schrecklichkeiten« darzulegen, daß es bei uns »nicht so schlimm« ist, damit wird aber impliziert, daß es bei uns überhaupt nicht schlimm ist.

Der Hinweis auf »noch schlimmeres« ist eine bewährte Methode. Kommt es bei uns zu Repression oder zur Verletzung von Meinungsfreiheit, ist es dienlich, davon zu reden, daß es in Sibirien viel schlimmer ist. Was auch zutrifft. Nur darf man daraus nicht ableiten, daß wir deswegen für unsere Art der Repression noch dankbar sein müssen.

In solchen Vergleichen, Analogien und Hinweisen aber äußert sich nicht nur Sinn für Disproportion, sondern auch ein genuin schweizerischer Erlebnishunger nach Problematik.

Es sind nicht die schlechtesten Intellektuellen, die sich verpflichtet fühlten, dem Land Irrelevanz vorzuwerfen. Ein Vorwurf der Bedeutungslosigkeit allerdings, der verkennt, was für eine Wirtschaftsmacht die Schweiz ist, und der übersieht, in welchem Maße die Schweiz mit ihren internationalen Verflechtungen zu internationalen Verantwortlichkeiten gekommen ist, auch wenn sie diese nicht gesucht hat.

Mit dem Vorwurf der Irrelevanz geht gerne Hand in Hand das Mitleid, daß wir so wenig Schicksal haben, ein Bedauern, welches im Zynismus gipfelt, daß man dem Land vorhält, im Zweiten Weltkrieg verschont geblieben zu sein. Daraus folgt die Bereitschaft, sich dafür zu entschuldigen, eine Entschlossenheit auch, diesen Mangel wettzumachen; so liegen wir auf der Lauer, welthistorische Luft zu atmen. Wir biedern uns mit dem Schicksal an, und dafür ist uns kein Vergleich zu billig.

Um unsere Probleme beim Namen zu nennen,

müssen wir uns mit uns selbst vergleichen: prüfen, wie sich unsere demokratischen Ansprüche zu unseren Realitäten verhalten, inwiefern sich Bekenntnis und Handeln decken oder eben nicht. Wie schlimm unsere Probleme sind, ergibt sich aus unseren eigenen Widersprüchen: Schweizerische Verhältnisse reichen aus, sie können als schweizerische Verhältnisse alarmierend genug sein.

Ein Inserat und ein Image

Nutzen Sie die günstige Preissituation (1 ha ab US-Dollars 26.--), um Land in Paraguay zu kaufen. Paraguay ist bekannt als die ›Schweiz‹ Südamerikas.« So zu lesen in einem Inserat in einer Zürcher Tageszeitung.

Interessant ist nicht so sehr der Hektar-Preis, obgleich der recht günstig ausfällt mit zirka 43 Franken. Allerdings gilt er erst ab US-Dollars 200 000.--, wobei eine unverbindliche Vorbesichtigung durchaus drinliegt. Nein, interessanter als der Bodenpreis ist die Tatsache, daß Paraguay mit der Schweiz verglichen wird.

Nun ist Paraguay wie die Schweiz ein Kleinstaat. In Südamerika jedoch sind die kleinen Länder nicht so klein wie bei uns. Mit 406 752 km² ist Paraguay zehnmal so groß wie die Schweiz. Man kann sich leicht ausrechnen, daß es da nicht an Hektaren mangelt, zumal die indianischen und mestizischen Bauern und Landarbeiter kaum als Preistreiber auftreten und niemand dort vom »Ausverkauf der Heimat« spricht.

Zudem ist auch Paraguay ein Binnenland. Was der Schweiz Rhein und Rhone sind, das ist Paraguay der Paraná.

Ferner ist Paraguay ein Agrarland, das zur Hauptsache Fleisch und Sojabohnen exportiert. Auch eine Baumwolle von hoher Qualität. Ansonsten aber ist dieses Land arm an Rohstoffen. Es sei denn, es betrachte wie die Schweiz sein Wasser als Rohstoff. An dessen Nutzung allerdings hat sich der Nachbar Brasilien gemacht. Zwar erhält auch Paraguay Elektrizität; die Frage ist nur, kann es diese für seine beginnende Industrialisierung gebrauchen oder doch wenigstens weiterverkaufen.

Und dann ist Paraguay, wenn auch nicht ein viersprachiges, so doch ein zwei-sprachiges Land. Neben Spanisch wird Guaraní gesprochen, und dies nicht nur von einer Minderheit. 1975 ist Guaraní zur zweiten Nationalsprache erklärt worden. Ein Novum für ein Land, wo diese indianische Sprache bisher der Gleichgültigkeit, wenn nicht der Verachtung oder gar der Repression ausgesetzt war. So entscheidend die Aufwertung des Guaraní ist, was im Gesetz steht, braucht in der Praxis noch nicht wirksam zu sein.

Immerhin: ein Kleinstaat, ein Binnenland, den naturgegebenen Voraussetzungen nach ein Agrarland mit einer zwei-sprachigen Kultur, doch, da könnten sich irgendwelche Assoziationen an die Schweiz einstellen, aber:

Paraguay ist die älteste Militärdiktatur in Südamerika. Seit sechsundzwanzig Jahren herrschen hier General Stroessner und sein Clan. Stroessner ist ein Nachfolger deutscher Einwanderer; diese waren längst vor jenen Nazis gekommen, die ihm beim Aufbau seiner Garde und seiner Armee halfen. Als Diktator hatte er auch stets ein offenes Herz für seine Polit-Kollegen gezeigt; nicht zufällig hatte Somoza nach seinem Sturz bei ihm Zuflucht gefunden.

Diese Militärdiktatur mit Beharrungsvermögen und miesen sozialen Verhältnissen, dieses geschundene Paraguay also ist als Schweiz Südamerikas bekannt geworden. Da möchte man schon wissen weshalb.

Das Inserat bleibt uns die Antwort nicht schuldig. In Klammern wird ausgeführt, was unter einer Schweiz zu verstehen ist: »Freier Devisenverkehr, niedrige Inflation und ruhiges Wirtschaftswachstum.«

Das sind hoffnungsvolle Aussichten für einen Landkäufer. Die Wirtschaft kann sich tatsächlich ungestört entwickeln, sie braucht nicht Rücksicht auf Löhne oder Sozialgesetze zu nehmen. Eine Opposition gibt es nicht. Sofern man diese antreffen möchte, müßte man sie im Gefängnis besuchen oder im Ausland. Eine Million Paraguayer haben ihre Heimat aus politischen und sozialen Gründen verlassen. Sie haben in einem Land, das mit drei Millionen schon unterbevölkert ist, Platz gemacht, nicht zuletzt für Landkäufer, die hier schweizerische Bedingungen vorfinden:

Nicht, daß Menschen sich frei bewegen, schafft schweizerische Verhältnisse, sondern die Tatsache, daß das Geld frei zirkulieren darf.

Nun steht in besagtem Inserat hinter »freiem Devisenverkehr, niedriger Inflation, ruhigem Wirtschaftswachstum« noch ein »usw.«. Was sich wohl hinter und unter diesem »und so weiter« verbirgt?

In der guten alten Zeit, vor zwei, drei Jahrzehnten noch, gab es schon einmal eine »Schweiz Südamerikas«. Es handelte sich um ein Nachbarland von Paraguay, nämlich um Uruguay. Dieser Rio-de-la-Plata-Staat wurde mit der Schweiz verglichen, weil er ein funktionierendes parlamentarisches System kannte und eine Sozialgesetzgebung, die in Südamerika als progressiv und vorbildlich galt. Waren das noch Zeiten, als die Schweiz aus solchen Gründen zum Vergleich herbeigezogen wurde.

Allerdings: Seit 1973 gibt es in Uruguay weder ein Parlament noch Parteien, keine freien Gewerkschaften mehr und keine freie Presse. Eine Militärdiktatur etablierte sich, die sich durchaus neben anderen Diktaturen sehen lassen darf. Ein Drittel der Bevölkerung lebt heute im Ausland in irgendeiner Art Exil.

Man stellt fest: der Vergleich mit der Schweiz scheint noch keine Garantie zu sein. Das illustriert auch eine andere Schweiz, nämlich die »Schweiz des Nahen Ostens«; der Libanon. Ein Land, das von fremden Armeen okkupiert ist, dem Freunde und Feinde gleichermaßen zum Verderben gereichen, ein Land, in welchem sich religiöse und politische Gruppierungen in brutalem Bruderkrieg zu vernichten suchen.

In einem Reiseführer aus dem Jahr 1974 konnte man noch lesen: »Im 19. Jahrhundert kam es im Libanon zu blutigen Glaubensfehden und Massakern zwischen Drusen, Christen und Moslems. Heute leben sie friedlich nebeneinander.« Dieses friedliche Nebeneinander hatte dem Land den Ruf eingetragen, eine Schweiz des Orients zu sein. Es besaß eine Verfassung, welche die Minderheiten respektierte. Im Parlament waren die religiösen Gruppen proportional zu ihrer Größe vertreten; der Staatspräsident war gewöhnlich ein maronitischer Christ, der Premierminister ein sunnitischer Moslem und der »Speaker« im Parlament ein schiitischer Moslem.

Die Tatsache, daß ein Land einmal eine Schweiz war, heißt noch nicht, daß es auch eine Schweiz bleibt. Muß das nicht auch jener Schweiz zu denken geben, die wie bisher kein anderes Land eine Schweiz war, nämlich die Schweiz selber.

Der erste Tag

Der erste Tag in einer fremden Stadt – das sind nicht nur Stunden der Liebe und des Urteils auf den ersten Blick, gespannte Erwartung, wer wen enttäuscht, Bestätigung von Vorstellungen und Korrekturen davon, das Aufkommen neuer Vorurteile, flüchtiger Eindruck und doch nachhaltige Erfahrung.

Der erste Tag ist gewöhnlich auch der teuerste. Die Ausgaben können in dem Grad zunehmen, wie die Stadt fremd ist, man ihre Sprache nicht spricht und auch die Vehikelsprache nur spärlich zum Zug kommt.

Es kann schon damit beginnen, daß man nicht weiß, wie man vom Flughafen in die Stadt gelangt. Man sieht sich in eine Limousine verfrachtet, die man gar nicht haben wollte, und stellt hinterher fest, daß es doch einen Minibus gegeben hätte.

Man kann die rosaroten und blauen Geldscheine noch nicht genau unterscheiden und ist völlig hilflos angesichts von Münzen, besonders wenn darauf keine arabischen Zahlen zu lesen sind. Das bringt eine Großzügigkeit mit sich, die nicht gemeint ist.

Man mietet sich schließlich in einem Hotel ein, weil man mit Gepäck nicht allzu lange herumsuchen kann. Aber kaum hat man ein paar Schritte vors Haus gemacht, entdeckt man um die Ecke genau das Hotel, welches es gewesen wäre, und dazu noch günstiger.

Mit dem Trinkgeld kommt man schon gar nicht zurecht. Man zahlt für das erste Paket Zigaretten einen andern Preis als nachher am Kiosk oder auf der Straße, wo das Landesübliche verlangt wird.

Vorkommnisse, die auch am zweiten oder noch am letzten Tag möglich sind. Auch dann kann der Taxichauffeur eine Route nach dem Prinzip einschlagen, daß der kürzeste Weg der teuerste sein kann; sofern er eine Uhr hat und sofern er sie einstellt. Aber das Überfordern, ob bös- oder mutwillig oder auch nur aus Irrtum, das kumuliert sich am ersten Tag und gehört unvermeidbar zu ihm.

Sicherlich – würde man in einer Gruppe reisen, wäre man alle diese Sorgen los. Aber man wäre auch die eigene Neugierde los, da sie vorausgeplant wird. Diese eigene Neugierde möchte ich mir behalten. Sie hat ihren Preis, auch den des ersten Tages.

Aber es gibt auch den ersten Tag in einer Stadt, die man kennt. Für gewöhnlich kommt man recht anonym an, mit einem Flugzeug zum Beispiel. Ein Flughafen bietet, ab einer gewissen Größe, fast überall die gleiche internationale Konformität. Das ist eine Form des Ankommens, die ich nicht mag, vor allem, wenn es um Städte geht, die ich gerne habe.

In solchen Städten möchte ich auf persönliche Art ankommen. Das ist nur möglich, indem ich eine zweite, eine eigene Ankunft arrangiere.

Zum Beispiel in Lissabon. Landet man mit dem Flugzeug, gelangt man über einen Hintereingang in die Stadt. Deswegen gilt nach dem Bezug des Hotels der erste Gang der Fähre. Ich fahre ans andere Ufer des Tejo, zur »outra banda«, und nehme gleich die nächste Fähre zurück. Wenn ich mich vom Wasser der »Praça do Comércio« nähere, weiß ich, daß ich in Lissabon ankomme, in einer Stadt, deren architektonisches Gesicht zum Fluß und zu den Schiffen hinschaut.

Oder in Paris, da stellt das erste Ziel der »Pont Notre Dame« dar. Dort hatte ich einst, nach meiner allerersten Ankunft, als Student, verlegen herumgestanden, bis ich den Entschluß faßte, mich in dem damals noch lausigen Hotel »Notre Dame« für ein Semester einzumieten. Noch heute komme ich erst in Paris an, wenn ich auf dem »Pont Notre Dame« stehe, auch wenn ich dann gar nicht recht weiß, was ich da soll.

Zwar kann diese zweite Ankunft mißlingen wie vor kurzem in Bangkok. Ich wollte gleich zu jenem Tempel am Phramane-Platz, wo man für etwa einen Franken einem Vogel die Freiheit kaufen kann. Als ich es zum ersten Mal tat, wollte der Vogel nicht fortfliegen. In mir stieg der Verdacht auf, daß die Vögel so abgerichtet sind, daß sie zwar aus dem Käfig hüpfen, sich aber nicht weit entfernen, sondern, ihrem dressierten Trieb gehorchend, wieder in den Käfig zu Besitzer und Futter zurückflattern, wo sie warten, bis wieder jemand kommt, um sie freizukaufen.

Als ich diesmal hinging, hatte ich vergessen, daß die Händler mit ihren Käfigen nur am Samstag und am Sonntag anzutreffen sind. Ich konnte keinen Vogel befreien, und so brachte mir kein freigekaufter Vogel Glück. Ich war mehr als einen Augenblick ratlos, weil ich nicht wußte, wie ich in dieser Stadt ankommen soll, in der ich ein paar Stunden zuvor gelandet war.

Aber es gibt diesen ersten Tag auch in der Stadt, in die ich am regelmäßigsten zurückkehre: in Zürich. Auch hier komme ich nicht einfach an, weil ein Zug in die Bahnhofshalle einfährt und sich vor dem Fenster ein vertrautes Panorama auftut oder weil ich im Klotener Flughafen durch eine wohlbekannte Paß- und Zollkontrolle gehe. Auch hier gibt es eine zweite Ankunft.

Am vollkommensten spielt das Ritual, wenn ich in Kloten lande; die Fahrt vom Flughafen in die Stadt ist wie eine Einübung in die Rückkehr. Allerdings braucht es dafür einen Taxi-Chauffeur; nicht alle sind in gleicher Weise berufen, aber es findet sich doch immer wieder einer, der in Stellvertretung für die Volksseele spricht bzw. schimpft.

Kaum hat er Gas gegeben und sieht er eine Frau am Steuer, legt er los. Aber es könnte auch eine Abschrankung oder Umleitung sein, schon höre ich, wie die da oben mit unseren Steuergeldern umspringen und wie es mit dem Verkehr immer ärger wird, aber nicht nur mit dem Verkehr. Der Anlaß kann das Wetter oder eine Nachricht sein, aber es braucht gar keinen Anlaß, man muß nur die Welt und das Leben anschauen – überhaupt und sowieso und, wenn man bedenkt, erst recht.

Anfänglich meinte ich, dieses Losschimpfen sei ein durchdemokratisierter Mißmut, vielleicht die Willensäußerung der schweigenden Mehrheit, eine Vorform der politischen Willensbildung und die Anwendung der Meinungsfreiheit im Alltag.

Es brauchte Zeit, bis ich begriff, daß dieses Losschimpfen eine Beschwörung ist, gegen den Nächsten gerichtet, aber auch gegen den Schimpfenden selbst, wenn auch mit erster Vorliebe auf Fremde und Neuankommende zielend. Indem man schimpfend darlegt, wie beschimpfenswert alles ist, wird von vornherein jeder mögliche Verdacht abgewiesen, es könnte uns gutgehen. Ein solcher Verdacht darf nicht aufkommen; wenn es sich herumspricht, daß es uns gutgeht, wer weiß, wie lange dies noch der Fall ist. Schimpfend verteidigen wir unser Glück oder den Anteil daran. Ob im Sparstrumpf oder sonst irgendwo deponiert, wir legen das Glück auf die Seite, damit etwas Glück da ist, wenn schlechte Tage kommen, hoffend aber, daß es nie so schlimm wird, daß wir auf unser Glück zurückgreifen müssen.

Wenn mein Ohr voll ist von solch heimatlichen Schimpfiaden, weiß ich, daß ich angekommen bin. Das ist gewöhnlich auch der Moment, da das Taxi beim Central ins Limmatquai einbiegt, und es grüßen die Glockentürme des Großmünsters.

Vor einem helvetischen Schalter

Da man nicht nur zur Freude, sondern auch beruflich unterwegs ist, macht man unweigerlich seine Erfahrungen mit der Post. Die liebste Postgeschichte, die ich erleben durfte, spielt recht weit weg, nämlich an einem Nebenfluß des Amazonas, im brasilianischen Porto Velho. In einem Porto Velho, in das man damals noch nicht auf dem Landweg hinkam.

Meine Erfahrungen mit der Post mache ich gewöhnlich deswegen, weil ich unterwegs Bücher kaufe, die ich, um mein Handgepäck handlich zu halten, nach Hause schicke. Das war auch in Porto Velho der Fall.

Dort fand ich zwei prächtige Bände, deren Autor dazu noch Victor Hugo hieß. Ein französischer Padre, den man nach Amazonien entsandt hatte, um Seelen zu retten. So sehr aber Seelen-Retten ein Tagespensum abgibt, abendfüllendes Programm ist es nicht. Also setzte sich dieser Victor Hugo hin und schrieb während fünf oder zehn Jahren die Geschichte all dessen nieder, was in und um Porto Velho herum je stattgefunden hatte; eine einfache Missions-druckerei brachte die Bücher heraus. Das ergab zwei Bände, einen dickeren und einen dünneren. Vielleicht überkommt mich im Alter die Neugierde, auf siebenhundert Seiten zu erfahren, was sich an diesem Nebenfluß des Amazonas abgespielt hat. Jedenfalls muß man sich für die Senioren-Freizeit vorsehen.

Also packte ich die beiden Bände ein, jeden für sich. Soviel postalische Erfahrung besaß ich bereits, um zu wissen, daß Drucksachen ein bestimmtes Gewicht nicht überschreiten dürfen. Ich knüpfte die Schnur auch derart, daß sie zwar das Paket zusammenhielt, aber doch jederzeit geöffnet werden konnte, wenn einer beim Zoll zweifeln sollte, daß es Bücher enthalte.

Als ich die beiden Pakete auf den Schalter legte, fragte mich das Mädchen dahinter, wie schwer sie seien. Ich hatte keine Ahnung. Doch das Mädchen war unnachgiebig: Wenn man etwas verschicke, müsse man wissen, wie schwer es sei. Nun war ich gar nicht anderer Meinung, deswegen schlug ich vor, sie solle die beiden Bücher einmal auf die Waage legen. Aber sie hatte keine Waage. Das war weiter nicht schlimm. Die nächste Waage gab es bereits an der nächsten Ecke. Da ich nicht einfach in das Geschäft gehen mochte, um meine Postpakete zu wägen, kaufte ich mir dort noch Zigaretten.

Als ich die gewogenen Pakete wieder auf den Schalter legte, fragte mich das Mädchen, wie sie verschickt werden sollten. Auf die Frage war ich gewappnet; ich antwortete spontan: »Via maritima, Seeweg.«

Soweit war ich bereits informiert. Der Weltpostverein teilt die Elemente anders auf als die klassischen Griechen. Für ihn ist Landweg und Seeweg dasselbe, unterschieden davon wird der Luftweg.

Ich sagte also »via maritima« und meinte damit: den Nebenfluß und den Amazonas hinunter, dann über den Südatlantik, von mir aus ins Mittelmeer oder in den Ärmelkanal, aber auf alle Fälle von da an zu Land nach Zürich.

Das Mädchen fingerte in einer Kartei, sie schlug ein Buch auf, überflog Seite um Seite, erhob sich, kramte irgendwo oben in Schubladen, dann beugte sie sich über den Schalter und fragte, ob ich die Pakete nicht per Luftpost schicken wolle, und fügte gleich bei: Luftpost sei *mais rapido.*

Daß die Luftpost »rascher« ist, war mir auch klar. Aber warum sollte ich teure Briefmarken kaufen für Pakete, die es gar nicht eilig hatten; ich selber war ja noch für zwei, drei Monate unterwegs, und bis zum Lebensabend würden die Pakete auf dem See- und Landweg sicher eintreffen.

Da ich mich nicht für Luftpost entschied, begann

das Mädchen erneut in Papieren zu wühlen, rechnete etwas aus und zog Schubladen hervor, in denen es bisher noch nicht gesucht hatte. Dann sah sie auf und fragte mich erneut, ob ich doch nicht lieber die Pakete per Luftpost verschicken wolle, Luftpost sei *mais moderno*.

Das war mir auch nicht neu, daß Luftpost »moderner« ist. Aber sollte ich mir die Modernität etwas kosten lassen? Zudem hatte ich schon oft die Erfahrung gemacht, daß das, was an einem Schalter als modern gilt, am nächsten bereits veraltet ist. Abgesehen davon, wurde in mir jene Sturheit geweckt, von der man sich zuweilen etwas wie Charakter verspricht: »Nein, See- und Landweg.«

Da sackte das Mädchen auf dem Stuhl zusammen; es sah mich mit nassen und verzweifelten Augen an – sie ahnte bereits, daß sie die Stelle auf der Post verlieren würde, daß ihre Brüder nicht mehr in die Schule könnten, wenn ihr Verdienst ausfiel, und auch ihr Verlobter würde sie verlassen. Sie gestand, sie fände die Tabelle für Land- und Seeweg nicht, ob ich die Pakete doch nicht lieber per Luftpost schicken wollte.

Damit standen wir endlich vor einem Problem; der Intellektuelle in mir begann nach Lösungen Ausschau zu halten. Jetzt wäre es an mir gewesen, in Schubladen zu wühlen und Papiere durchzugehen;

aber es fiel mir nur die Bemerkung ein: »Ich habe schon oft Buchpakete nach Europa geschickt.«

»Ach so«, sagte das Mädchen; es hatte sich bereits wieder gefaßt, »was haben Sie denn sonst für solche Pakete bezahlt?«

Ich betrachtete die beiden Pakete vor mir, wog sie in Gedanken noch einmal: »Für das dickere fünf Cruzeiros und für das dünnere vier.«

Das Mädchen nahm die beiden Pakete an sich und fragte zurück: »Ist das Ihr äußerster Vorschlag?«

Ich nickte.

Bald kam das Mädchen zurück und sagte, sie habe mit dem Chef gesprochen. Der finde, das größere koste nicht fünf, sondern sechs Cruzeiros, und für das kleinere müßte die Post fünf haben.

Da langte ich nach dem dickeren Paket, hob es mit ein paar Fingern in die Luft und deklamierte: Für so ein lumpiges Paket sechs Cruzeiros, das kann man ja am kleinen Finger tragen. Schauen Sie, das ist nicht größer als eine halbe Einkaufstasche. Und dafür sechs Cruzeiros. Überhaupt, man soll froh sein, daß Fremde hierher kommen und einheimische Bücher kaufen und die einheimische Post berücksichtigen.

Wir einigten uns: auf das dicke Paket wurden für fünf Cruzeiros und fünfzig Centavos Briefmarken geklebt und auf das dünnere für viereinhalb.

Darnach lud ich das Mädchen zu einer Tasse

Kaffee ein. Als sie den Zucker umrührte, gestand sie: sie möchte schon lange weg aus Porto Velho. Es wäre ihr gleich gewesen, ob auf dem See- und Landweg oder auf dem Luftweg.

Die Bücher jedenfalls kamen in Zürich an; sie warten seither im Regal auf ihre Lektüre.

Aber manchmal, wenn ich Pakete auf die Hauptpost in Zürich bringe, überkommt mich vor dem Schalter Lust, die Pakete mit der Bemerkung hinzulegen:

»Für das dickere bezahle ich drei Franken achtzig und für das dünnere zwei fünfzig. Was sind Ihre Gegenvorschläge?«

Abfallarchäologie

Man unterschätze die Abfälle nicht. Es gibt Völker und Stämme, von denen man nur etwas weiß, weil sie Abfälle hinterlassen haben. Abfälle aller Art. Zum Beispiel Muschelberge. Diese geben mehr Aufschluß als nur über Eßgewohnheiten; wenn sich Muschelberge etwa im Landesinnern und nicht an der Küste finden, können Archäologen und Prä-Historiker zur Hypothese greifen, daß dieser oder jener Stamm künstliche Seen angelegt hat.

Sicherlich, nicht nur Abfallberge, sondern auch Friedhöfe geben Auskunft. Vor allem, wenn die Gräber in Höhlen, Grüften, Hügeln oder Felsen untergebracht wurden, so daß das Auge des Plünderers sie nicht entdeckte. Diese Gräber sagen um so mehr aus, je mehr die Überlebenden den Toten mitgegeben haben, sei es Nahrung, seien es Gegenstände zur Erinnerung oder zur Unterhaltung, seien es Menschen zum Geleit und gegen das Alleinsein im Schattenreich, oder Figuren als Ersatz für Menschen.

Zugegeben, zwischen Abfallhaufen und Friedhof besteht ein Unterschied. So wollen es Religion und Moral. Allerdings pflegt die Pietät gegenüber eigenen Friedhöfen größer zu sein als gegenüber fremden, obwohl sie mit der Zeit auch gegenüber den eigenen Toten nachläßt.

Was uns an dieser Stelle interessiert, ist der Abfallhaufen im herkömmlichen Sinn, die Ansammlung von all dem, was fortgeworfen wird, weil man es nicht mehr gebrauchen kann oder nicht mehr benutzen will. Um in der Sprache unserer Strategen zu reden, es handelt sich um »konventionelle« Abfälle.

Wenn Abfallhaufen über Stämme, Völker und ganze Epochen der Frühgeschichte Auskunft geben, sollte uns dies tröstlich stimmen. Nun wird man sich fragen, was vor-geschichtliche Funde mit unserer Hoch-Zivilisation zu tun haben. Aber wenn die Geschichte die Gerechtigkeit und die Würde aller Menschen zum Ziel hat, befinden wir uns noch auf einer Anfangsstufe. Es könnte sich einmal erweisen, daß unser 20. Jahrhundert viel mehr zur Prähistorie gehört, als uns lieb ist, aber vielleicht ist Geschichte überhaupt nur Prähistorie.

Wie auch immer, der Abfallhaufen erhält für uns unbestreitbar Bedeutung. Wenn Abfälle etwas wie Zukunft garantieren, sind wir nicht schlecht dran.

Noch nie hat eine Gesellschaft so viel produziert wie die unsere und noch nie entsprechend viel Abfälle hervorgebracht, ganz abgesehen davon, daß manches bereits mit dem Seitenblick zum Abfallhaufen auf den Markt kommt.

Doch wird der Ruf immer lauter, die Abfälle zu verwerten. »Recycling« heißt das Schlüsselwort. Man führt die Abfälle wieder der Produktion zu, diese stellt daraus Brauchbares oder mindestens Verkaufbares her und fabriziert neue Abfälle, die wiederum der Produktion zur Verwertung zugeführt werden.

Ganz neu ist dieses zyklische Denken nicht. Es sind schon ein paar Jahrzehnte her, daß ein Künstler die weggeworfene Lenkstange eines Fahrrades auf einen Sockel stellte und sie als Stierkopf-Plastik präsentierte. Seit geraumer Zeit bemächtigen sich andere Künstler des Abfalls und verfertigen daraus »Objekte«, die rezensiert, verkauft und aufgestellt werden.

Auch bei der Idee des »recycling« zeigt es sich einmal mehr, daß nicht nur die Natur die Kunst imitiert, sondern auch die Wirtschaft den Einfällen der Kunst hinterherläuft. Dabei darf allerdings nicht außer acht gelassen werden, daß Parteiprogramme sich schon längst solcher Wiederverwertung befleißigen. Das ist um so leichter der Fall, als Parteien den Begriff »Abfall« viel weiter fassen und auch

Abgestandenes oder Sauergewordenes für die Wiederverwertung ihrem politischen Credo zuführen.

Ohne Zweifel ist das »recycling« zu begrüßen. Die Autofriedhöfe verschwinden, die Seeufer werden sauber und die Wanderwege begehbar. Wir heizen mit der Wärme, die bei der Verbrennung unseres Kehrichts entsteht, und die leeren Flaschen werden zu jenen alten Schläuchen, in die neuer Wein abgefüllt wird.

So begrüßenswert aber eine solche Wiederverwertung ist, wir werden auf diese Weise mit einem Problem konfrontiert, das wir nicht leichtfertig beiseite schieben dürfen. Sollten unsere Abfälle total beseitigt werden, könnte der Fall eintreten, daß nichts für die Zukunft übrigbleibt. Spätere Forscher würden mit Erstaunen feststellen, daß es in jenen Jahrzehnten jenes zwanzigsten Jahrhunderts Menschen gab, die keine Spuren hinterlassen haben. Wir würden nichts als ein großes, abfalloses Loch bilden, in letzter Konsequenz hätte es uns gar nicht gegeben.

Es erhebt sich somit die epochale Forderung, der Gefahr einer solchen zukunftslosen Gegenwart zu begegnen. Es gilt ein neues Abfall-Bewußtsein auszubilden, eines, das nicht auf die Beseitigung der Abfälle aus ist, sondern auf deren Erhaltung – in repräsentativem Rahmen natürlich.

Denn es gibt unbestreitbar ein Recht auf eigene

Abfälle. So sollten alle Abfälle gleich berücksichtigt werden, die des »Vororts« der Industriellen wie die der Gewerkschaften, liberale wie sozialistische, konservative wie progressive.

Solche Abfälle, zusammen mit alten Pneus, zerschlissenen Kleidern, Blechbüchsen und Dosen, ausgedienten Plastikgegenständen, den Innereien eines TV-Apparates und überholten Modellen von Haushaltmaschinen, mit Ähnlichem und Weiterem – das ergäbe einen respektablen Haufen.

Aber ein solcher Haufen hätte nur Sinn, wenn er auch gegen die Unbill der Witterung und der Geschichte geschützt wird. Nun besitzt unsere Armee beste Erfahrungen im Bau von bombensicheren Bunkern. Unsere Berge, auf die wir einmal mehr stolz sein könnten, würden in ihren Stollen solche Abfallhaufen beherbergen.

Um den Abfallhaufen aber in vollem Umfang repräsentativ zu machen, müßte man sich vielleicht doch überlegen, ob man nicht auch einen Menschen in ihm deponieren müßte. Wir sind nicht nur eine Konsumgesellschaft, was Dinge und Sachen betrifft, sondern wir konsumieren auch den Nächsten. Unsere Wegwerfgesellschaft kennt die menschliche Einweg-Beziehung. Wenn wir aber Menschen, die ausgedient haben und nicht mehr benutzt werden können, wegwerfen, gehörte aus Gründen der Vollständigkeit auch ein Mensch auf die Deponie, womit, wenigstens punktuell, die klassische Trennung von Friedhof und Abfallhaufen aufgehoben würde.

Auf diese Weise könnten spätere Generationen ihre logischen Rückschlüsse mit Leichtigkeit ziehen: Wo immer ein Abfallhaufen mit einem Menschen drin gefunden wird, könnte der Fund sogleich datiert werden: er stammt aus jenen Jahrzehnten jenes zwanzigsten Jahrhunderts.

Aber die Frage bleibt, inwiefern ein solcher Abfallhaufen noch spezifisch schweizerischen Charakter besäße. Es ist mehr als fraglich, ob dafür schon ein zerbrochenes Alphorn oder ein stockfleckiges Exemplar der Verfassung genügten. Die Frage ist um so dringlicher, als sich die Abfälle infolge der Interdependenz und Wirtschaftsverflechtung international immer mehr angleichen; der nationale Charakter der Abfälle geht unweigerlich verloren.

Diese Entwicklung dürfte schwerlich zu stoppen sein. Aber glücklicherweise verhält es sich nicht so, daß wir unsere Alltags-Abfälle einfach wegwerfen, sondern wir verpacken sie. Wir füllen sie in Abfallsäcke und stellen diese für die Müllabfuhr vors Haus. Zwar machen das andere Völker auch, aber dennoch bietet der Abfallsack eine Möglichkeit, sich unverkennbar helvetisch zu geben.

In der Hinsicht könnten die Abfallsack-Vorschriften einer Wirtschaftsmetropole wie Zürich sich als äußerst nützlich und somit zukunftsträchtig erweisen. Nach diesen Vorschriften gibt es eine Norm für das Verpacken von Abfällen; man darf diese Säcke nicht zukleben oder gar mit einem Bostitch zuheften, man muß sie zuschnüren. An dieser dünnen Schnur aber hängt die Zukunfts-Chance unserer Eigenart.

Das Verschnüren von Abfallsäcken könnte an alte Tradition anknüpfen. Unsere Bauern haben bekanntlich vor ihren Häusern und Ställen nicht einfach Miststöcke angelegt, indem sie den Mist an einer Stelle aufhäuften, sondern sie haben das Stroh dieses Mistes geflochten. Natürlich blieb der Mist Mist, aber ein Mist mit Zöpfen ist ein anderer Mist als einer ohne.

Das Zuschnüren unserer Abfallsäcke könnte im städtischen Bereich eine Wiederaufnahme der bäurischen Überlieferung des Mist-Zöpfelns sein. Wenn wir schon nicht an unseren Abfällen erkennbar sein sollten, dann wenigstens daran, wie wir diese verpacken. Für spätere Generationen würden wir sogleich als ein Volk erkennbar sein, das seine Abfälle mit Sorgfalt und Ordentlichkeit zugeschnürt hat wie kein anderes.

Die Römer kommen

Vielleicht sind wir gar nicht so fremdenfeindlich, wie man uns nachsagt. Die Römer jedenfalls empfingen wir mit offenen Armen.

Da feiert der Kanton Graubünden zweitausend Jahre Römer. Nun haben die Bündner einen guten Grund für ein solches Jubiläum; denn schließlich haben diese Südländer jenes Latein gebraucht, aus dem sich das Rätoromanische entwickelte.

Allerdings ist es eine Sprache, die heute gefährdet ist. Es ist auch allen Nicht-Rätoromanen klar, daß man sie retten muß. Eine Sprache aber kann nur gerettet werden, wenn sie auch gesprochen wird, und das haben nun wiederum die Rätoromanen selber zu besorgen.

Mag sein, daß sich eine Lösung anbietet, indem man die Sprache nicht wie bisher fördert, sondern unterdrückt. Was, wenn die schweizerische Regierung ein Verbot erließe, wonach jedes rätoromanische Wort auf einem öffentlichen Platz untersagt wäre, kein Rätoromanisch in den Bundesbahnen und nicht in den Rhätischen Bahnen und in keinem

Postgebäude. Ein solches Verbot würde ohne Zweifel die rätoromanische Jugend mobilisieren. An den Engadinerhäusern wären Polit-Graffiti zu finden; allerdings müßten die auch auf deutsch übersetzt werden, damit die Touristen wissen, ob der Mauerspruch ein Protest-Slogan ist oder »Land zu verkaufen« heißt. Es wäre zudem denkbar, daß in Liechtenstein eine rätoromanische Befreiungsfront gegründet würde, das heißt, es müßten schon drei sein, für jeden Dialekt eine eigene.

Aber nicht nur die Bündner feiern die Römer, sondern auch die Stadt-Zürcher, obwohl denen die Römer mit ihrem Latein nicht viel gebracht haben. Aber es wurde auf dem Lindenhof in den römischen Ruinen des einstigen Turicum ein Stein mit einer Jahreszahl gefunden, und als man rechnete, kam man auf zweitausend Jahre Existenz. Es zeigte sich jedoch, daß man auch anders rechnen kann, so daß sich das Jubiläum um ein oder zwei Jahre verschoben hätte. Aber wer ist in einer Stadt der Banken schon so kleinlich beim Rechnen mit Tausendern.

Daß wir die Römer feiern, ist nicht so logisch, denn schließlich waren sie eine Besatzungsmacht. Sicher haben sie uns einige Säulen und ein Theater hinterlassen und auch die Kirschen eingeführt, aus denen die Basler und die Zuger Kirschwasser brennen, und den Wein und die Kastanien...

Aber andere Völker erinnern sich trotz solcher Erbschaften nicht so freundlich an die römische Besatzungsmacht. Während die Bündner und Zürcher der Ankunft der Römer gedachten, weihte der französische Staatspräsident Mitterrand einen Gedenkstein für Vercingetorix ein, den Anführer der Gallier, die gegen die Römer kämpften.

Zugegeben, die Franzosen besitzen nun einmal ein inniges Geschichtsverständnis. Aber sie haben eben auch Asterix. Dank ihm sind ihnen ihre Vorfahren, die Gallier, lebendig präsent. Vielleicht sollte man auch bei uns mehr Comics in die Schulbücher bringen.

Aber nicht nur die Gallier, auch die Helvetier haben gegen die Römer gekämpft, unsere Vorfahren. Allerdings verloren sie die Schlacht, es war eine ihrer ersten. Zwölf Jahrhunderte später, bei Morgarten, ging es dann viel besser.

Doch der Schlacht bei Bibracte gedenken wir nicht, sondern wir feiern die Ankunft der Römer. Man kann sich leicht vorstellen, wie sie am Zürichsee auf die Palisaden ihrer Pfahlbauten kletterten, nach den Römern Ausschau hielten und endlich riefen: »Sie kommen! Sie kommen!«

Es wird schon einen Grund haben, daß wir Bibracte nicht feiern. Und nicht nur, weil der Schlachtort außerhalb der Schweiz liegt. Wir vertuschen die Erinnerung daran, aber nicht wegen der verlorenen Schlacht, sondern weil es Helvetier waren, die auswandern wollten – man stelle sich Vorfahren vor, die gar nicht hier bleiben wollten.

Nicht auszumalen, was passiert wäre, wenn die Helvetier die Römer besiegt hätten. Sie wären das Rhonetal abwärts gezogen und hätten sich womöglich im Delta niedergelassen. Und wir würden statt Rösti Bouillabaisse essen, statt Steine stoßen Boules spielen, nicht am Föhn, sondern am Mistral leiden und nur für die Ferien in die Schweiz kommen, sofern wir uns dies leisten könnten.

Und gar, wenn die Helvetier noch weiter gezogen wären. Übers Mittelmeer bis nach Nordafrika und dort Helvetien errichtet hätten, so daß wir statt Tessiner Neger hätten und unsere welschen Kompatrioten Mohammedaner wären.

In der Tat, es ist schon besser, daß uns die Römer zum Rückzug zwangen und die Helvetier wieder heimgehen mußten. Auch wenn es noch ein paar Jahrhunderte dauerte, bis sie sangen, kein schöner Land als eben dieses, wo es lustig zugeht wie nirgendwo sonst.

Also hat es tatsächlich seinen Grund, daß wir der Römer feierlich gedenken. Nun muß man ehrlicherweise beifügen, es blieb uns damals auch nicht viel anderes übrig, die Römer waren stärker. Das verhält sich heute anders, mit den Fremden, die jetzt ins Land kommen. Denen können wir den Herrn und Meister zeigen.

Ein Schweizer Mädchen in Karthago

Mami, 's Meer. Mami, das isch's Meer. Ich möcht innelange. Aber gäll, Mami, das macht me nöd.«

Das Mädchen war neun oder zehn Jahre alt. Es ging hinter seiner Mutter her, ein paar Schritte zurück. Diese hatte die Lunch-Tasche umgehängt. Weiter voraus der Vater, die Freizeitjacke überm Arm gefaltet. Alle drei trugen leichte Wanderschuhe, gelb und noch kaum gebraucht.

Als der Mann stehenblieb, hielt auch die Frau inne. Sie fragte nach einigem Abwarten, was es da vorn zu sehen gebe. Er antwortete: »Nüt anders.«

Die Frau drehte sich um und sah zu einer Gruppe Touristen zurück. Die schauten alle gerade in die Richtung, in welche der Reiseführer mit der Hand zeigte. »Me dörfed de Bus nöd verpasse«, mahnte die Frau. Dann setzte sie sich auf einen Stein, schob die Lunch-Tasche auf die Knie und kreuzte die Hände darüber.

Das Mädchen aber rannte an ihr vorbei und lief

zum Ufer. Unvermittelt blieb es stehen und staunte: »Mami, 's Meer.«

Solch heimatliche Klänge überraschten uns. Eben waren wir noch dran gewesen, im Mauerschatten einer Ruine auf einem Plan ausfindig zu machen, ob man von den römischen Villen unter dem Odeon zu Fuß am Ufer entlang zum Punischen Hafen gelange. Da vernahmen wir unverkennbar schweizerische Laute.

Schon am Tag zuvor hatte uns Schweizerdeutsch an einem Ort eingeholt, wo wir es nie erwartet hätten. Wir waren unterwegs zu den Souks gewesen, entschlossen, in den Bazars Geheimnisse des Morgenlandes zu entdecken. Aber noch ein gutes Stück weg von der Kashba, und ehe uns tausend und ein Duft des Orients umschmeichelten, stellte sich uns ein junger Araber in den Weg und sagte zur Frau meines Freundes: »Chräbeli«. Er ließ uns keine Zeit, unserer Verwunderung auch irgendwie sprachlich Ausdruck zu geben, sondern skandierte, Silbe für Silbe, und dies ein paarmal »Chu-chi-chäscht-li, Chu-chi-chäscht-li«.

Der Tunesier hatte in Wald gearbeitet, im Zürcher Oberland, bei einer Speditionsfirma. In seine Heimat zurückgekehrt, war er als Schlepper tätig; er hatte sich mit einem Teppich-Händler zusammengetan (»Migros-Priise«). Er lauerte auf Touristen.

Kaum hörte er Schweizerdeutsch, stürzte er sich auf die Sprechenden. Mit »Chräbeli« schuf er eine erste Vertrauensbasis; er war jemand, der Ausdrücke schweizerischer Zärtlichkeit beherrschte. Die Fraternisierung wurde beschworen und besiegelt, indem er »Chuchichäschtli«, das schweizerische Wort für »Küchenschrank«, mehrmals wiederholte; er demonstrierte, daß neben Schweizern auch Araber fähig sind, schwierigste Kratzlaute von gleichem Rauheitsgrad hervorzubringen.

Und nun am heutigen Tag wiederum heimatliche Klänge. Diesmal nicht aus Araber, sondern aus Schweizer Mund. Und diesmal in Karthago, auf einem Ruinenfeld. In jenem Karthago, von dem wir als Schüler überzeugt waren, es müsse zerstört werden (»Carthaginem esse delendam«). Der Mann, der dies predige, Senator Cato, war der erste, der begriffen hatte, daß man nicht dadurch überzeugt, indem man etwas sagt, sondern indem man es wiederholt.

Daß das Mädchen und seine Eltern hierher gekommen waren, hatte mit dem Programm der Reisegesellschaft zu tun. Ein sight-seeing in Tunis führt unvermeidbar auch nach Karthago. So besuchte die Kleinfamilie, die sich über die Feiertage eine Woche »alles-inbegriffen« in Tunesien gönnte, die Ausgrabungsstätte der einstigen Konkurrentin Roms.

Kaum waren die drei aus dem Bus geklettert, hatten sie sich von der Gruppe abgesetzt. Sie mochten nicht beim Guide bleiben; der hielt hinterher doch nur die Hand fürs Trinkgeld hin. Wenn man nicht zuhörte, brauchte man ihm auch nichts zu geben.

Zu dritt waren sie ins Ruinenfeld vorgestoßen. Es gab schließlich Wege, auch wenn man sich nicht aus der Sichtweite entfernen mochte. Zudem mußte man auf die Wanderschuhe achtgeben, denn die Trümmersteine, die hier zuhauf herumlagen, hatten zum Teil scharfe Kanten.

Der Mann hatte sich gewundert, welches Bindungsmittel die wohl früher für den Mörtel benutzt hatten, und er hatte mit dem Armee-Taschenmesser daran gekratzt. Er hatte in die vier Ecken seines Taschentuches einen Knoten gemacht und es als Kappe über den Kopf gelegt. Da sie schon einmal da waren, wollten sie auch alles sehen. Aber als der Mann plötzlich stehenblieb, fragte ihn die Frau, was es da vorn noch zu sehen gebe. Angesichts der Ruinen meinte er: »Nichts anderes.«

Nachdem die Frau sich auf einen Stein gesetzt hatte, überlegte sie, ob man schon etwas essen wolle. Sie hatte am Frühstückstisch ein paar Brötchen fürs Mittagessen gestrichen; sie hatten mit ihrem Pauschal-Arrangement Halb-Pension gebucht. Während die Frau die Hände über der Lunch-Tasche kreuzte, fragte sie vor sich hin, ob Marmorböden praktisch gewesen waren fürs Putzen und ob der Kaktus, der hier wild wuchs, wohl zu Hause gedeihe, wenn man einen mitnähme.

Das Mädchen aber war an ihr vorbeigelaufen und fast bis zum Ufer gerannt. Unvermittelt blieb es stehen: »Mami, 's Meer.« Der Vater antwortete, das hätten sie doch vom Flugzeug aus gesehen.

Draußen war ein Schiff, so klein, daß man es hätte in die Hände nehmen können. Die Wellen spülten über den Strand, aber man hätte keine einzige zu packen vermocht. Im Wasser Mauerwerk, eine versunkene Stadt, so tief, daß man mit dem Arm kaum hätte hinunterlangen können. Gerne hätte das Mädchen in dieses Meer hineingefaßt, aber da mahnte es sich selber: so was tut man nicht.

Das Mädchen hüpfte vom Stein. Es balancierte über einen Säulenschaft, der war wie eine Wurst in lauter dicke Scheiben aufgeschnitten. Das Kind hockte sich auf ein Kapitell und ritt. Es kletterte einige Stufen hinauf, aber die Treppe führte nirgends hin. Es hob ein paar Mosaiksteine und ließ sie durch die Finger rieseln. Es beugte sich und streichelte über eine zerbrochene Akanthusblüte, da setzte es zu einem Sprung an . . .

»Paß uf!« rief die Mutter.

Das Mädchen wurde ganz ruhig. Es sah auf die Ruinen vor ihm, eingestürzte Bauten und verschüttete Villen. Mauern, die man stützen mußte, und zerbrochene Säulen, die Anlage einer Therme und ein Reservoir, das kein Wasser mehr speicherte. Dann zeigte das Mädchen auf das Trümmerfeld von Karthago und sagte mit weinerlich-trotziger Stimme:

»Ich ha's doch gar nöd kaputtgmacht.«

Über das Muff-Sein

Jede Sprache besitzt ihre unübersetzbaren Wörter. Es sind Schlüsselwörter, die eine Tür zur Seele der Sprache öffnen und damit zur Seele jener Völker, die sie reden.

Wir wissen zum Beispiel, daß »esprit« ein Geist ist, den man nicht unbedingt auf deutsch besitzt und den zu haben gar suspekt sein kann. Auf deutsch meint »Geist« Tieferes oder Höheres, mehr in Richtung »Weltgeist«, von dem man einst annahm, daß er deutsch spricht.

Und der »common sense« der Engländer läßt sich nicht einfach mit »gesundem Menschenverstand« wiedergeben. Es steckt in ihm ein Stück Bürgersinn. Es ist ein britischer Verstand, der sich im klaren ist, daß eine Sozietät nicht ohne Absprachen auskommt, daß aber jede Konvention ihr Ventil braucht, und sei es nur jenes der Exzentrik.

Oder der »deal« der Amerikaner: er umfaßt ebenso Handel wie Politik, Schiebung wie Verteilen der Karten. Dies in offener Kombination und dies alles zugleich, oder Ideologie oder Business. Deswegen muß man nicht nur achtgeben, wie die Karten verteilt, sondern auch, wie sie gemischt werden.

Solche Wörter sind nie in ihrer vollen Bedeutung zu übertragen. Daher beläßt man unter Umständen besser gleich den Spaniern ihre »desenvoltura«, ohne ihnen zu »Lässigkeit« oder »Ungeniertheit« verhelfen zu wollen, und in gleichem Sinne mögen die Portugiesen ihre »saudade« behalten, jene traurige Sehnsucht, die zugleich beseligendes Glück bedeutet.

Die Liste solcher Wörter ist so vielfältig wie die der Völker und Sprachen. Auch wir Schweizer besitzen unübersetzbare Wörter. Im deutschschweizerischen Vokabular der Volksseele findet sich zum Beispiel das Wort »muff«.

Natürlich kann man das Wort in Andeutung übertragen. Das Wörterbuch schlägt für diesen Fall »übelgelaunt« vor. Aber wir sind nicht einfach muff, weil uns etwas über die Leber kroch, wie wir zu sagen pflegen, oder weil wir mit dem linken Bein aufgestanden sind.

Um die Physiognomie des Muff-Seins kennenzulernen, benutzt man am besten und billigsten an einem Morgen vor Arbeitsbeginn das Tram, den Bus oder die Eisenbahn. Die verbissenen Münder sind der Spiegel, der Tag für Tag unser Muff-Sein reflektiert.

Ein oberflächlicher Beobachter könnte meinen, die Leute seien übelgelaunt, weil sie an die Arbeit müßten. Aber das ist ein Irrtum. Schließlich dürften wir das einzige Volk sein, das sich demokratisch in einer Abstimmung gegen die Verkürzung der Arbeitszeit aussprach. Man kommt der Bedeutung der muffen Gesichter schon näher, wenn man in den öffentlichen Verkehrsmitteln als Kontrast die Fremdarbeiterinnen oder Fremdarbeiter herbeizieht, die auf dem Weg zur Arbeit sich schon in aller Frühe sorglos geben oder gar lachen.

Da werfen die muffen Gesichter muffe Blicke auf die Fremden: die sollen nur abwarten, was ihnen der Tag noch bringt. Überhaupt, wenn die bleiben wollen, müssen sie sich anpassen, und dann wird ihnen das Lachen schon vergehen.

Nein, Muff-Sein ist nicht eine Sache der Laune. Launen sind wetterwendisch. Doch kein Wind und kein atmosphärischer Druck können unser Muff-Sein ändern. Ist der Himmel blau, sind wir muff, weil das schöne Wetter noch nie angehalten hat, ganz abgesehen davon, daß heute das Blau nicht mehr so blau ist wie früher. Und ist der Himmel grau und regnerisch, haben wir erst recht Grund, muff zu sein.

Nein, unser Muff-Sein ist durch keine Meteorologie des Augenblicks bestimmt. Es ist nicht ein

Ergebnis der Umstände. Unserem Muff-Sein eignet Grundsätzliches. Wir sind im Prinzip muff.

Insofern könnte man unser Muff-Sein in Zusammenhang bringen mit dem unveräußerlichen demokratischen Recht, in voller Gleichberechtigung schimpfen zu dürfen. Mit dem Recht, auf den Tisch zu hauen, ob Familien- oder Wirtshaustisch. Schimpfend zeigen wir, was wir von den andern halten und was von uns selbst, schimpfend stecken wir jenen Individualbereich ab, wo jeder sein eignes Parlament und seine eigne Zeitung ist.

Insofern besitzt unser Muff-Sein etwas von heiligem Zorn, der, wie alles, was uns heilig ist, historisch ist, ererbt von unseren Vätern. So mag es auch zu erklären sein, daß wir, die wir so stolz darauf sind, zu Hause das Militärgewehr aufzubewahren, nicht ungern zu Hellebarde und Morgenstern greifen, wenn uns heiliger Zorn befällt.

Doch Muff-Sein braucht sich keineswegs laut zu äußern. Muff sind nicht zuletzt die Stillen im Land und ganz sicher die schweigende Mehrheit, all jene, die an Wässerlein wohnen, ob getrübt oder ungetrübt. Muff-Sein ist eine innere Bereitschaft:

Wir möchten unsere Sache recht machen. Wir bringen die Dinge nach bestem Können in Ordnung, und dann müssen wir erleben, daß das Leben selber so unordentlich ist.

Das weiß schon die Hausfrau, die Staub wischt; immer wieder muß sie mit ansehen, wie der Staub von neuem die Möbel befällt. In diese Hausfrauen-Erfahrung teilen sich auch die höchsten Politiker, die beim Regieren nie nachkommen mit Staub-wischen. Wie soll im Vaterland für immer leuchten, was schon in der Familie so schwer ist ein für alle Mal zum Glänzen zu bringen. Wir wissen nur allzugut um die Unzulänglichkeit des Lebens, um das Defizitäre allen menschlichen Daseins. Man kann sich arrangieren und einrichten so gut und soviel man will, plötzlich tritt das Unvorherge-sehene ein, und unversehens ist alles anders.

Also sehen wir uns vor. Wir wappnen uns, indem wir muff sind. Muff-Sein ist eine Präventivmaß-nahme, eine Form von Mut, eine Tapferkeit, die als Mißmut die Welt besteht. Was manchen als üble Laune vorkommt, ist mehr. Es ist eine Beschwö-rung von Schicksal, indem wir uns mit ihm in bestem schweizerischem Sinn für den Kompromiß arrangieren: wir sind bereit, freiwillig etwas vor-wegzuleiden, um nicht unfreiwillig zum großen Leiden zu kommen. Also sind wir zum vornherein schon einmal aufgebracht oder enttäuscht. Wir rechnen nicht nur, sondern wir rechnen damit, daß die Rechnung nicht aufgeht. Aber es wird ein Rest sein, so hoffen wir, der uns nicht aus der Bahn wirft.

Darum halten wir auch Ausschau nach allem, was sich nicht ins Bild fügt oder nicht in die Ordnung paßt. In der Hinsicht hat uns noch kein Alltag und noch keine Weltgeschichte enttäuscht.

Wenn wir auf etwas stoßen, das nicht aufgeht, wenn wir etwas entdecken, das noch in Ordnung gebracht werden müßte, wenn wir etwas feststellen, das querliegt – dann steigt in uns ein Jauchzer hoch, der jenem Urlaut verwandt ist, für den unsere Folklore berühmt ist, und in unseren Augen findet sich ein Widerschein vom ewigen Alpenglühen: »Wir haben es ja gesagt« und »wir haben es schon immer gewußt«.

Das sind Momente, in denen unsere zerbissenen Minen sich lockern. Eine flüchtige Heiterkeit zieht übers Gesicht. Nicht daß dies schon Glück bedeuten würde, aber es kommt nahe an die Befriedigung: Wir sind nicht grundlos muff gewesen.

Es versteht sich, daß solch lockere Momente nicht anhalten können und nicht dauern dürfen. Aber wir gehen gestärkt aus solchen Situationen hervor. Mit aller Bereitschaft unterziehen wir uns dem Muff-Sein. Erneut sind wir gewappnet für die Unbill des Lebens und halten zugleich hoffnungsvoll Ausschau nach allem, was uns für einen lichten Moment unser Muff-Sein bestätigt.

Die kluge Else

Ein aufschlußreiches Schweizer Märchen findet sich bei den Gebrüdern Grimm, auch wenn diese sich kaum bewußt waren, was für eine helvetische Kostbarkeit sie eingesammelt hatten.

Da steht die Hochzeit von Else und Hans bevor. Else wird in den Keller geschickt, um Bier zu holen. Sie kehrt nicht zurück, so daß die Magd nachschaut. Als auch sie nicht mehr auftaucht, wird der Knecht nachgeschickt. Wie der nicht wiederkommt, begibt sich die Mutter in den Keller und nach ihr der Vater von Else. Da niemand wiederkommen wollte, dachte der Bräutigam: »Die warten unten auf mich«. Und als er in den Keller kam, sitzen da »fünfe und schreien und jammern ganz erbärmlich, einer besser als der andere«, und er muß allen recht geben: »Ach, was haben wir für eine kluge Else.« Auf eine Kreuzhacke zeigend, die locker an der Decke sitzt, erklärt Else unter Tränen: »Ach lieber Hans, wann wir einander heiraten und haben ein Kind, und es ist groß, und wir schicken's vielleicht hierher, Trinken zu zapfen, da kann ihm ja die Kreuzhacke, die da oben ist stecken geblieben, wenn sie herabfallen sollte, den Kopf zerschlagen, daß es liegen bleibt; sollen wir da nicht weinen.«

Alle weinen über das mögliche Unglück – es sind schweizerische Tränen, die vergossen werden.

Man darf schon deswegen von schweizerischen Tränen reden, da wir in Ermangelung tatsächlichen Unglücks nicht ungern Mögliches ausdenken, um nicht völlig von der Schicksalhaftigkeit der Welt ausgeschlossen zu sein. Es sind nicht zuletzt Intellektuelle, die den Phantomschmerz kultivieren, schon darum, weil er weniger weh tut.

Schweizerisch sind diese Tränen ganz sicher, da sie sich immer einstellen, wenn es gilt, einen Entscheid von Tragweite zu treffen. Dann malen wir uns aus, was alles eintreffen könnte, mit Vorliebe Negatives, am liebsten Extremfälle, obwohl wir sonst keine Extremisten sind. Wir lieben den Ernstfall, wenn er uns einen Grund liefert, nichts verändern zu müssen. Unser Beharrungsvermögen ließ uns Meister von Eventualitäten werden.

Was – so eventualisierten wir einst – was, wenn wir den Frauen das Stimm- und Wahlrecht geben, und was, wenn wir sie vom Herd weglocken und dem Heim entfremden, und was, wenn die Familie auseinanderfällt und die Kinderkriminalität steigt?

Und was? – so eventualisieren wir heute im Hinblick auf Europa, und dieses Thema verlockt zu Eventualitäten. Am liebsten hätten wir ein fertiges Europa, das man uns zur Begutachtung überläßt – aber eines, das noch im Entstehen ist und von dem man nicht recht weiß, was es bringt und wie es sein wird, birgt jenes Risiko in sich, das wir längst aus Heimat und Politik verjagt haben. Risiko, das mag für andere recht sein, aber es entspricht nicht unserer Eigenart.

Ein Märchen, das wie *Die kluge Else* seiner Anlage nach so schweizerisch ist, bietet eine gute Vorlage für eine schweizerische Version und Fortsetzung. Unter den damaligen Hochzeitsgästen befanden sich auch zwei Schweizer, die ebenfalls in den Keller stiegen. Als der erste die Leute aus Leibeskräften schreien und weinen sah, zog er einen Zettel hervor, rechnete die Prämie aus für die Summe, die bezahlt wird, falls die Kreuzhacke das Kind erschlägt. Alle wischten sich die Tränen mit einer Police. Während der erste Schweizer rechnete, rechnete der zweite mit: Was, wenn nicht nur die Kreuzhacke herunterfällt, was, wenn dabei eine Lampe umfällt, die einen Brand auslöst, und was, wenn gleichzeitig mit der Feuersbrunst der Bach über die Ufer tritt, im Stall die Maul- und Klauenseuche herrscht und der Bauer sich beim Retten ein Bein bricht? Worauf der erste Schweizer sich beim zweiten rückversicherte.

Im Grimmschen Märchen heiratet Else ihren Hans, doch eines Tages zweifelt sie an ihrer Identität: »Da lief sie fort vom Dorf hinaus, und niemand hat sie wieder gesehen.«

In der schweizerischen Version zieht sie nach Bern, wird politisch, und da sie klug ist, wird sie ins Parlament gewählt. Dort spricht sie anläßlich der Europa-Debatte im Nationalrat von der Kreuzhacke, die wir mit Europa haben.

Auf allen Bänken jeder Fraktion wird geweint. Unter die, die applaudieren, mischen sich auch die, welche nicht in die Hände klatschen, sondern hupen, da sie zur Auto-Partei gehören, die sich später als Freiheits-Partei bezeichnet. Und die, die sich Demokraten nennen und rechts außen sitzen, sammeln bereits für einen Kranz.

In der Tat – man muß mit Eventualitäten rechnen. Es könnte sein, daß mich im nächsten Moment der Schlag trifft, das könnte auch dem Redaktor passieren, dem Drucker, dem Pöstler, dem Zeitungsausträger, so daß Sie, liebe Leserin und lieber Leser, gar nicht zum vorliegenden Text kommen, weshalb da noch weiter schreiben, der Tod ist nun einmal eine sichere Eventualität.

Maß und Wert oder Kilo und Meter

Wir sind wieder soweit. Einmal mehr zeichnet sich Gefahr ab für Ureignes. Wieder droht Gleichmacherei und Anpassung.

Natürlich fällt hinterher niemandem auf, wie gleichgeschaltet wir sind und wie sich unsere Vorväter gleichschalten ließen: Landauf und landab wird heute in Metern gemessen und in Kilos gewogen. Dem war nicht immer so. Erst seit 1877 gilt in der Schweiz der Meter- und Kilo-Zwang, seit knapp hundertzwanzig Jahren also. Es versteht sich, daß ein solcher Radikalentscheid nicht mit einem Schlag eingeführt werden konnte.

Schon in der guten alten Zeit, um die Mitte des letzten Jahrhunderts, tat sich (für eine Sachfrage lang) auf, was später Röstigraben heißen sollte, damals, als die Vereinheitlichung des Münzwesens auf der geschichtlichen Traktandenliste stand. Der schweizerische Westen, der eben daran war, die Romandie zu erfinden, die französische Schweiz, erlag der frankophilen Verführung; auch Basel horchte, grenzgefährdet, mit mindestens einem Ohr nach dem französischen Auswärts. Anders der schweizerische Osten. Es bekämpften sich französischer und süddeutscher Münzfuß. Man weiß, was herauskam.

Schön, aber wenn man schon wegen des Dezimalsystems nachgeben mußte, war es wirklich unerläßlich, die Bezeichnung »Franken« zu übernehmen, mit dem auch in Frankreich und Belgien gerechnet und bezahlt wird, so daß wir immer ein »s« vor den Franken setzen müssen, um uns währungshelvetisch abzugrenzen? Immerhin retteten wir den mittelalterlichen Rappen. Hätte man nicht mehr auf Eigenständigem beharren müssen? Warum von einem Franken reden und nicht – sagen wir einmal – von einem »Tell«, der, zum Beispiel, in hundert »Winkelrieds« umgewechselt werden konnte. Da hätte man gleich gewußt, um welche Eigenart von Geld es sich handelt. »Das war Tells Geschoß« hätte in Börsenkreisen neue Bedeutung erhalten, und »Winkelriedspalter« hätte freien Durchbruch für Investitionen bedeutet. Der »Tell« wie der »Winkelried« hätten uns zudem als vaterländische Reminiszenz nicht schlecht angestanden; nachdem wir uns verpflichteten, keine Kriege mehr zu führen, blieb uns als Waffe in der Tat nur das Geld.

Ums Dezimalsystem ging es erneut, als sich der junge Staat damit beschäftigte, wie die Zukunft gemessen und gewogen werden soll. Erneut taten sich

Fronten auf. Erst aber mußte noch der Bau von Eisenbahnen ausdiskutiert werden, derentwegen man »eine Verödung der Straßen« befürchtete. Befürworter argumentierten subversiv: das Beispiel anderer Staaten sei maßgebend für die Schweiz, es gelte sich die Eisenbahnen anzueignen, wie man die Buchdruckerkunst übernommen habe, die Webmaschine und das Schießpulver.

Beim Bau dieser ersten Eisenbahnen wurden die Strecken nicht in avantgardistischen Kilometern gemessen. Eine Statistik aus dem Jahr 1857 gibt an: eine Länge von 36 11/16 Schweizerstunden sind in Betrieb, eine solche von 126 1/16 Schweizerstunden sind im Bau begriffen und eine von 150 2/16 Schweizerstunden konzessioniert. Daraus, daß man Distanzen in Schweizerstunden berechnete, darf man nicht schließen, es habe auch Berner Stunden gegeben, die einen gemächlicheren Umgang mit Minuten pflegten. Mit dem Begriff Schweizerstunde konnte man deutlich machen, daß die Uhr zwar für alle schlägt, daß aber, wenn uns die Stunde schlägt, dies eine Schweizerstunde tut. Der Ausdruck hätte mit ein bißchen Sinn für Eigenheit, mit ein bißchen Eigensinn, reaktiviert werden können, als sich bei der ersten Umstellung auf die europäische Sommerzeit herausstellte, daß unsere Kühe zur falschen, das heißt zur gewohnten Stunde muhten.

Schon 1849 lag ein Gesetzesentwurf vor für die Vereinheitlichung von Maß und Gewicht. Doch der Bundesrat wartete zu, »um die Anhäufung von Verfügungen zu vermeiden, welche eine tief ins Leben eingreifende Änderung bisheriger Gewohnheiten des Volkes erfordern.« Es bestand kein Zweifel daran, daß das französische Dezimalsystem bei einer Abstimmung verworfen worden wäre, genau wie in unserer Zeit die Relativitätstheorie beim ersten Urnengang mit aller Wahrscheinlichkeit durchgefallen wäre. Und dann, was schon immer und auch damals zählte: unsere Verteidigungsbereitschaft; denn was, wenn der Feind per Eisenbahn vorrückt und wir per Kavallerie hinter ihm her sind, oder wie es »wegen der unverantwortlichen Gefährdung unserer Selbstständigkeit« im Wortlaut hieß: »Wenn namentlich in Kriegszeiten der Feind mit Blitzesschnelle über seine Streitkräfte verfügen könnte, während wir höchstens mit der Schnelligkeit eines Pferdes nachkommen würden.«

Schritt für Schritt ging man vor und auf diese Weise auch voran. Es kam ein Konkordat zustande; dem hatten sich Kantone wie Uri, Schwyz und Unterwalden nicht angeschlossen. Die Urschweiz, im Verbund mit Appenzell und Graubünden, wollte auf eigne Art rechnen; aber auch die Waadt und Neuenburg hielten an kantonalen Gewichts- und Maßsystemen fest.

Berchthold von Sitten, ein scharfsinniger Mathematiker, wie es hieß, fand das französische Zehnersystem »absurd und irrig«; er sprach sich für eine »Metrologie der Natur« aus, als ob nicht auch ein Walliser an beiden naturgegebenen Händen auf zehn hätte zählen können.

Aber eben – dann passierte es doch, das Volk wurde dezimal-kompatibel. Nach und nach. Da war es aus mit dem Pfund, mit dem man bisher nicht nur biblisch gewuchert hatte. Man brachte zum Beispiel nicht mehr länger ein Zurzacher Pfund oder ein Konstanzerpfund auf die Waage. Die Differenz betrug 48 Gramm; es waren gerade diese 48 Gramm, die einen Thurgauer von einem Aargauer unterschieden. Aber nachdem ein Pfund überall fünfhundert Gramm wog, war schwerlich auszumachen, ob einer aus Frauenfeld stammte oder aus Wettingen.

Was ging da alles an Eigenheiten verloren. Waren das noch Zeiten, als im Appenzell mit kurzer und mit langer Elle gemessen wurde (und dies nicht nur beim Gericht), damals, als der Luzerner Stadtfuß größer war als der Bernfuß, mit dem nicht in Bern, sondern in Fribourg gerechnet wurde. Im Kanton Bern selber war der Fuß, voll Respekt für föderalistische Podologie, von Ort zu Ort verschieden. Warum sollte ein Bieler auf gleich großem Fuß rechnen wie einer aus Saanen. Und desgleichen verhielt es sich mit der lokalen und regionalen Vielfalt der Flüssigkeitsmaße. Zwar war »Saum« als Maß verbreitet, aber in einem Fall war er vier Eimer wert und ein andermal nur anderthalb Eimer.

Mit alldem war es aus, als man sich nicht zuletzt wegen des europäischen Drucks von außen dem Dezimaldiktat fügte. Es wurden Umrechnungstabellen in Taschenformat gedruckt, um dem Einzelnen den Übergang zu erleichtern; denn Zeit war schon damals Geld, wie eine der populärsten Umwandlungsanleitungen betitelt war. Wieviel Besonderheiten blieben auf der Strecke. Trösten wir uns mit einem Schluck Wein darüber hinweg, eingedenk, daß einst ein Maß für einen »trüben« größer war als für einen »lauteren«, in vollem Bewußtsein, daß wir in Zweisimmen für ein Maß 1,87 Liter kriegen und in Reinach nicht einmal einen ganzen, und daß im Kanton Zürich mit 2 Maß 1 Kopf gemeint ist und der Zürcher Kopfinhalt 1,8 Liter beträgt. Über wieviel Eigenheiten verfügten die Vorfahren; was konnte man sich allein in einem Kanton wie dem Aargau an Sonderfall bei einer Sauftour gönnen: in Rheinfelden ein Landmaß, in Aarau ein Pintmaß und in Laufenburg ein Stadtmaß, und dann, prosit, ein Kellermaß in Brugg, in Lenzburg, prost, ein Grafschaftsmaß und in Zofingen ein Feckmaß »zum Wohl«.

Gott sei dank ist dieser Gleichmacherei nicht alles

zum Opfer gefallen. Glücklicherweise vertreibt man im Appenzell nach wie vor den Winter mit Treicheln und verbrennt man in Zürich noch immer die kalte Jahreszeit auf einem Scheiterhaufen – wie sollte es sonst in unserem Land je Frühling werden.

Wenn der Liebe Gott Schweizer wäre

Was wäre passiert, wenn der Liebe Gott Schweizer gewesen wäre? Die Frage ist keineswegs müßig, wie einige meinen könnten, denn es besteht der berechtigte Verdacht, daß manches anders herausgekommen wäre.

So vermessen ist die Überlegung nicht. Andere Völker okkupieren den Lieben Gott ebenfalls.

Da heißt es zum Beispiel, einer »lebe wie der Herrgott in Frankreich«. Warum soll es dem Lieben Gott ausgerechnet in Frankreich gefallen? Wegen des Essens? Und ist es unbedingt eine Referenz für den Lieben Gott, sich in Paris wohl zu fühlen, über das man einiges munkelt? Weshalb heißt es nicht: Er lebt wie der Herrgott in der Schweiz? Bei uns sind die Verhältnisse viel gesicherter. Wir haben eine weltweit anerkannte Hotelindustrie. Aber anderseits ist natürlich zu bedenken: die, welche sich wohl fühlen, könnten am Ende noch bleiben wollen.

Und die Amerikaner sagen zum Beispiel, ihr Land »sei Gottes eigenes Land«. Was für Amerika recht sein mag, ist für uns noch lange nicht billig – bei unseren Bodenpreisen. Haben wir unsere Geschichte nicht damit begonnen, daß wir unseren Boden verteidigten; den lassen wir uns von niemand nehmen, und an Besitzverhältnissen rütteln wir nicht. Die Schönheit dieses Bodens offenbart sich sowieso nur jenem, der Grenzsteine zu setzen weiß und Zäune ziehen kann.

Und die Brasilianer behaupten gar, Gott »selber sei Brasilianer«. Aber sie pflegen auch zu sagen: »Wir alle sind Brasilianer«, so daß selbst der Liebe Gott nicht stört. Allerdings dürfte es sich kaum um einen »geborenen Brasilianer« handeln, sondern um einen »naturalisierten«. In der Hinsicht sind wir vorsichtiger. »Alle sind Schweizer«, das ist keine helvetische Einladung. Schweizer, das sind nur wir, eine kleine Zahl, dafür sind wir es um so tüchtiger. Natürlich leuchtet es uns ein, daß alle Schweizer werden möchten, aber da muß man Zurückhaltung üben, nicht nur wegen des Gedränges in einem so kleinen Land. Wenn einer Schweizer werden will, muß er sich das schon was kosten lassen; was es kostet, das ist von Gemeinde zu Gemeinde verschieden.

Nein – soll sich der Herrgott in Frankreich wohl fühlen, in Amerika zu seinem Boden kommen und dem Paß nach Auch-Brasilianer sein, für uns stellt sich die Frage anders. Nicht einfach so, wie Carl Spitteler behauptet hat: Hätten wir Schweizer die

Alpen selber erschaffen, sie wären nicht so hoch ausgefallen.

Einiges spricht tatsächlich dafür, daß der Liebe Gott Schweizer sein könnte – weit weg von allem und nur zuschauen, das ist doch ebenso göttlich wie schweizerisch.

Der Gedanke, was passiert wäre, wenn der Liebe Gott Schweizer gewesen wäre, kam auf, nachdem wir am Radio einen Kommentar zum UNO-Beitritt der Schweiz gehört hatten. Interessant waren gar nicht die Argumente dagegen, die kannte man, sondern es redete wieder einmal einer jener Schweizer, die als kleiner Herrgott gegen die Weltgeschichte der andern antreten. Natürlich war eine gewisse Verstimmtheit durchzuhören: Hätte man uns gefragt, wäre alles anders herausgekommen, aber eben, uns fragt man nie.

Wenn also mancher Schweizer Talent zum Lieben Gott hat, warum sollte umgekehrt der Liebe Gott nicht auch etwelches Talent zum Schweizer haben?

Wobei wir natürlich an den Allmächtigen denken. Nicht an das kleine uneheliche Kind, das im Stall geboren wurde. Wennschon der Liebe Gott, dann der Allmächtige, der im Notfall das Universum hinterlegen kann.

Wenn dieser Weltenschöpfer aber Schweizer gewesen wäre, müßte auch die Bibel anders erzählt werden. Nun gibt es Bibeln für Kinder, für Arme, für Neger – warum sollte es da nicht auch eine besondere Bibel für Schweizer geben?

Aber da stellen sich schon neue Schwierigkeiten ein. Denn dieser Gott schuf die Welt aus dem Nichts. Aus Nichts kann nun mal nichts werden. Wir hingegen fangen nicht mit Nichts an, sondern klein. Wir erarbeiten uns, was wir haben, und deswegen wollen wir es auch behalten.

Anderseits wäre es uns manchmal schon willkommen, wenn etwas aus dem Nichts entstände. Bei vielen Vermögen, die bei uns deponiert und angelegt werden, ist es uns lieber, wenn sie aus dem Nichts kommen, als daß wir genau wüßten, woher sie stammen.

Aber das wichtigste Problem bleibt: der richtige Zeitpunkt, um die Welt zu erschaffen. Für einen Schweizer ist es sehr wichtig zu wissen, wann es endlich soweit ist – wann man zum Beispiel den Frauen das Stimmrecht gibt oder wann es nun einmal soweit ist, der UNO beizutreten – niemand war so schöpferisch im Abwarten wie wir.

Und daß die Welt nicht im richtigen Zeitpunkt erschaffen wurde, beweisen Adam und Eva: Kaum waren sie da, mußte man sie vertreiben, kaum hatten sie Kinder, brachte der eine Bub den andern um.

Das wäre alles anders rausgekommen, wenn man

zugewartet hätte. Deswegen hätte ein Lieber Gott, der Schweizer gewesen wäre, zugewartet; denn alles muß wachsen und reifen. Er hätte um so eher zuwarten können, als für ihn tausend Jahre wie ein Tag sind, auch wenn darob viel Zeit vergangen wäre. Er hätte diese Zeit eines Tages der Uhrenindustrie zur Verfügung stellen können.

Wenn der Liebe Gott Schweizer gewesen wäre, würde er heute noch auf den richtigen Moment warten, um die Welt zu erschaffen.

Nur eben – wenn dieser Liebe Gott ein Schweizer gewesen wäre und zugewartet hätte, gäbe es nicht nur die Welt nicht, sondern auch die Schweiz nicht. Und das wäre nun wiederum schade.

So verdanken wir Schweizer unsere Existenz einem Lieben Gott, der gottlob nicht Schweizer gewesen ist. Insofern ist es richtig, daß wir seiner in der Verfassung gedenken.

Aber so weit sind wir am Ende doch nicht vom Lieben Gott entfernt. Denn als Gott die Welt geschaffen hatte, »sah er an alles, was er gemacht hatte, und, siehe da, es war gut«. Der Liebe Gott besitzt doch einen schweizerischen Charakterzug; denn uns geht es ähnlich. Wenn wir etwas machen, schauen wir es an, und siehe da, es ist gut.

Ein unhelvetisches Ende oder
Besuch bei der Freiheit

Auch ich war auf ihrer Insel. Man muß nur für die Hinfahrt zahlen. Zurück kommen alle. Es gibt keine Bleibe auf der Insel der Freiheit. Außer für die Wärter. Die aber haben von Berufs wegen mit der Freiheit zu tun.

Am Einsteigequai lümmeln und johlen ganze Schulklassen. Sie haben an diesem Vormittag keine Geographie und keine Mathematik, keine Biologie und kein Diktat. Sie besuchen die Freiheit wie ich. Nur daß die Lehrer ihnen schon vor der Überfahrt die Geschichte der Freiheit erzählen. Und die Schüler rüsten sich aus mit Pommes chips und Kaugummi.

Die Freiheitsstatue tut, als gehe sie das alles nichts an. Niemand würde vermuten, daß ihre Farbe einst rötlichbraun war, wie Kupfer nun einmal ist. Grüngrau hebt sie sich vor dem blauen Himmel ab. Sie ist im Lauf der Jahre zu ihrem »vert-de-gris« gekommen. Die Patina, selbst das Resultat von Zerfall, schützt vor weiterem Zerfraß.

Mit geradem Rücken steht sie da. Noch niemand hat sie dabei überrascht, daß sie sich hingehockt hätte. Vielleicht hat man den Sockel deswegen so knapp bemessen, daß man darauf nur stehen kann. Eine Figur, bei der man von der Fußstellung her nicht weiß, ob sie schreitet oder unbeweglich an Ort und Stelle bleibt.

Jedenfalls hält die Freiheit ihre Fackel hoch. Es ist nicht auszumachen, ob sie andern den Weg weist oder ob sie selber einen sucht und nur deswegen noch da steht, weil sie bisher keinen Weg gefunden hat.

Man landet in ihrem Rücken. Kaum hat man die Fähre verlassen, hört man nicht nur auf englisch, sondern auch auf französisch, spanisch und deutsch, wann das nächste Boot zurückfährt. Nicht nur Schulklassen oder einzelne wie ich besuchen die Freiheit. Familien und Reisegruppen sind unterwegs zu ihr. Sehr viele Schwarze und unter den Asiaten mancher Japaner, der zum zweitenmal den Film wechselt.

Die Freiheit ist hohl. Ist man einmal drin, sieht man, wie dünn das Kleid ist. Vielleicht müßte man eher sagen »Gewand« ob all der vielen Falten. Sie werden mit Klammern zusammengehalten, damit sie der Wind nicht wegblasen kann.

Aber auch wenn die Freiheit hohl ist, leer ist sie nicht. Sie hat zwar keine Eingeweide oder andere Organe, die man im Innern vermuten könnte. Da gibt es einen hohen Aufbau mit Verstrebungen, um Sicherheit zu garantieren. Aber Gestänge und

Schrauben können rosten. Deswegen hätte die Freiheit einmal fast die Zacken aus ihrer Krone verloren.

Ihr Rückgrat steht in der Mitte, und um die Pfeiler winden sich Wendeltreppen. Bevor man hinaufsteigt, liest man, daß in der Freiheit verschiedene Temperaturen herrschen. Unten ist es kälter als in der Mitte, am wärmsten ist es oben im Kopf und in der Krone.

Man wird auch gewarnt, daß der Aufstieg auf eigene Verantwortung geschieht. Es sind hundertachtundsechzig Stufen zu bewältigen. So ist das Hinaufsteigen in der Freiheit nichts für Leute, die es auf dem Herzen haben oder denen Nerven und Beine zu schaffen machen.

Allerdings finden sich in regelmäßigen Abständen kleine Kanzeln, gerade groß genug, daß einer beiseite treten und verschnaufen kann. Aber wer mag schon auf die Seite treten und zuschauen, wie einer, der später aufbrach, an einem vorbeigeht und früher in der Freiheit anlangt.

Der Abstand von Stufe zu Stufe ist ungewohnt hoch, so konzentriert man sich auf die Tritte, die eine Hand an der Innenstange, die andere am Geländer. Man muß achtgeben, daß man dem Vordermann nicht zu nahe kommt, weil man sonst seinen Absatz im Gesicht hat. Selber trägt man dazu Sorge, mit den Füßen nicht allzuweit auszuholen, weil man sonst dem ins Gesicht tritt, der hinter einem, noch ein paar Stufen tiefer, in die Freiheit klettert.

Ist man oben, weitet sich die Wendeltreppe zu einer Aussichtsterrasse. Man befindet sich in der Krone der Freiheit. Von hier aus kann man durch Fenster hinausschauen. Auf Manhattan, Long Island, Brooklyn und auf die Häfen. Die Scheiben sind trüb und schmutzig, aber auch wenn sie keinen klaren Blick gewähren, von hier oben sehen auch Wolkenkratzer und Riesendampfer klein aus. Von der Freiheit aus liegt die Welt hinter einem Schleier.

Das Glas in den Fenstern ist schlag- und bruchsicher. Sonst könnte einer die Scheiben einschlagen und hinauskriechen. Es hat auch Gitter vor den Fenstern, damit nicht einer, der oben in der Freiheit ankommt, sich von dort in die Tiefe stürzt.

Aber allzulange kann man den Blick in die Weite nicht genießen, denn andere drängen nach. Man kann von unten ihre ungeduldigen Stimmen hören, die fragen, was es denn da oben in der Freiheit zu sehen gibt. So läßt man den vergitterten Ausblick und macht Platz, steigt wieder hinunter, einer hinter dem andern, den Vordermann drängend und selber gestoßen von dem, den man im Rücken hat. Man achtet darauf, dem, der vor einem hinunterklettert, nicht den Fuß in den Nacken zu setzen, und weicht dem Mann im Rücken aus, damit der einen nicht tritt.

Post Scriptum

Die Glossen und Glossen-Geschichten, die in diesem Band versammelt sind, haben die Schweiz zum Thema. Oder bescheidener gesagt: sie handeln von Helvetischem.

Mag sein, daß der Autor nach einem Buch wie *Wunderwelt*, das im brasilianischen Nordosten spielt, und nach *Herbst in der Großen Orange*, das Los Angeles zum Schauplatz hat, mag sein, daß der Autor ein Bedürfnis spürte, etwas in den Händen zu haben, wozu das eigene Land die Szenerie abgibt.

Dafür boten sich Texte an, die im Laufe der Jahre entstanden waren. Sie konnten von einem Ereignis ausgehen, lieber noch von »faits divers«. Nicht daß sie der Aktualität bedurft hätten; aber es gab stets Anlässe genug, die lockten, einen Bogen Papier in die Schreibmaschine zu spannen.

Da wurde etwa von den Schweizer Banken der Negativ-Zins eingeführt. Ausländer, die auf unseren Banken Geld deponieren wollten, mußten dafür Zins entrichten. Eine Verfügung, die zum Weiterspinnen verführte. Wäre der nächste Schritt nicht der Negativ-Lohn? Derart, daß Ausländer, die bei uns arbeiten wollen, dafür bezahlen.

Was vorerst für Ausländer gilt, könnte das nicht auch für die Einheimischen verbindlich werden im Hinblick auf die Gesundung unserer Wirtschaft? So würden sich am Monatsende Arbeiter und Angestellte bei den Chefs drängen, um ihnen ihren Negativ-Lohn auf den Tisch zu legen, wobei die Arbeitnehmer für einmal den Stunden- und Monatslohn selber festlegen könnten. Allerdings besteht der Verdacht, daß der Negativ-Lohn längst existiert, nämlich als Differenz zwischen dem, was uns ausbezahlt wird, und dem, was uns für unsere Arbeit zustände.

Oder man leistete wieder einmal seine drei Wochen Militärdienst; man absolvierte, was wir einen WK nennen, einen Wiederholungskurs. Zu meinen strategischen Aufgaben gehörte die Verteidigung eines Schulhauses auf dem Land. Am Samstagnachmittag kam einer der Lehrer vorbei. Er führte mich zu einem Tümpel, den er mit seinen Schülern in der Nähe des Schulhauses angelegt hatte. Ein Biotop, an dem mich nicht so sehr interessierte, welche Frösche und Lurche mit welchen Pflanzen eine Lebensgemeinschaft eingegangen waren. Neugieriger machte mich die Frage, wie ein künstlich gestauter Tümpel lebensfähig sei. Die Antwort lautete: »Dank einer Plastikfolie.« Das Gespräch darüber endete mit einer Einladung zu einem einfachen Nachtessen: bulgarischer Schafskäse mit kalt gepreßtem Olivenöl aus der Toscana. Der Lehrer stieß auf seinen Tümpel an: Das Biotop stelle einen Triumph dar über die Technik und ihren umweltzerstörenden Beton. Auch ich feierte den Tümpel, denn er war ein gangbarer Weg, der homöopatische, nämlich mit Hilfe der Technik der Usurpation der Technik beizukommen, ein Stück Natur zu kreieren dank einer Plastikfolie.

Oder: eine schweizerische Auslandkolonie traf sich in Übersee am ersten August zur Feier des Nationaltages. Die aus der Schweiz eingeflogenen Bratwürste verströmten einen nostalgischen Duft. Bei Gelegenheit kam ein alter Mann auf mich zu, in schwarzem Anzug mit Uhrenkette, ein Knechtlein im Sonntagsstaat. Scheu erkundigte er sich, ob ich nicht eben von »drüben« käme, er wollte wissen, ob es zuhause immer noch so schlimm stehe mit der Arbeitslosigkeit. Und das in einem Jahr, als unser Land eine Million Gastarbeiter zählte. Es brauchte einen Moment, bis ich begriff, daß dieser Mann die Schweiz Anfang der Dreißiger Jahre verlassen hatte. Er schätzte sich glücklich, in der Fremde eine, wenn auch noch so bescheidene Arbeit gefunden zu haben – »einen so alten Mann braucht man drüben wohl nicht mehr«. Vor Verlegenheit wußte ich nicht, wie man es in einem solchen Augenblick mit der Wahrheit hält. Mir fiel nur die Ausweichformel ein »es hat sich schon einiges geändert«. Die Frage des Knechtleins illustrierte, wie ein Auswanderer aus seiner Heimat ein Bild mitnimmt und an diesem festhält. Bei ihm war es ein Krisenbild. Darin unterschied er sich von all jenen, die neben ihm und mit ihm feierten; die hegten und pflegten eine andere Vorstellung der Schweiz, eine bodenständigere, die Idylle. Das war für mich keine neue Erfahrung. Je weiter weg, um so rosiger wird das Rot unserer Fahne. Der Glaube an das Land der Väter und der Pässe reduziert dieses auf die Folklore. Und wenn es doch ernst werden sollte, wird die Gesinnung arbeitsteilig: für zuhause die wahre Demokratie und im Gastland Verständnis für totalitäre Maßnahmen – es sind nun einmal nicht alle gleich reif für die Demokratie. Nichts Unwillkommeneres als jemand, der von einer Schweiz berichtet, in der die intellektuellen Standpunkte aufeinanderprallen, und der dies erst noch als Ausweis für Lebendigkeit nimmt.

Eine Begegnung mit Auslandschweizern, ein Biotop und seine Plastikfolie, der Negativ-Zins; das waren Anlässe für Texte, wie sie im Lauf der Zeit entstanden und wie sie in diesem Bändchen zu finden sind. Es sind »Apropos«, verfaßt aus Anlaß von diesem und im Hinblick auf jenes. Recht unterschiedlich nehmen sich die Stichworte aus, die zur Paraphrase und zum Fabulieren mit Gedanken einluden. Nicht zufällig standen die meisten Texte unter dem Signet eines »PS«, Post Scriptum und Nachbemerkung: »im übrigen noch«.

Beim Zusammenstellen der Texte fiel dem Autor auf, wie oft die Begriffe »Eigenart« und »Sonderfall« wiederkehrten. Das mag zunächst mit dem Jahrgang des Schreibenden zusammenhängen. Er besuchte die Schule in einer Zeit, als sich die Schweiz auch geistig verteidigte; bei diesem defensiven Selbstverständnis nahmen Vorstellungen wie »Eigenart« und »Sonderfall« einen breiten Platz ein. Was aber aus einer historischen Konstellation hervorging, behielt ein Beharrungsvermögen, als gälte für diese Eigeninterpretation nicht auch, daß sich die Situation und damit die Voraussetzungen geändert haben.

Apropos »eigen«, und aus Anlaß einer Ausstellung von

»Outsider« – Malern, die sich weder mit ihrem Leben noch mit ihrem Werk in die Konformität fügten – apropos »eigen«: Wir sagen von einem, der spinnt, er sei ein »Eigener«. Der schweizerische Gebrauch dieses Wortes erinnert an den Umgang der Griechen mit dem Wort »idiotes«; unser Sprachwörterbuch heißt nicht umsonst in humanistischer Tradition »Idiotikon«, was nicht auf Spinnereien, sondern auf Besonderheiten hinweist. So sehr wir »eigen« auf jene anwenden, die nicht ganz richtig im Kopf sind, es ist nicht zuletzt das Wörtchen »eigen«, das uns rettet; was uns eigen ist, ist uns heilig. So kommt »eigen« auch in unseren Credo-Begriffen vor, in »Eigenart« und »Eigentum«. Ein »Eigener« wäre demnach einer, der eigen ist »ohne -art und -tum«.

Und was im übrigen den »Sonderfall« betrifft, da kam dem Schreibenden die Biographie dazwischen, seine Auslandaufenthalte und seine Reisen. Nicht daß ich glaube, daß einer weit weggehen und lange fortbleiben muß, um zu begreifen, daß der Mythos des Sonderfalls wie der Melkschemel nur auf einem Bein steht. Aber das Unterwegssein zeitigt schon Folgen. Unvermeidlicherweise weisen die Helvetica, wie man sie hier findet, immer wieder über das Helvetische hinaus, und Helvetisches kommt dort ins Spiel, wo man es der Szenerie nach nicht erwartet hätte. Der Schreibende trifft nun einmal nicht den Unterschied zwischen der Schweiz und dem Rest der Welt, für ihn liegt das Land in der Welt; was dabei an Sonderfälligem verlorengehen mag, wird an Welt wettgemacht.

Vielleicht muß man berücksichtigen, daß die Texte in

einer Zeit entstanden, als die Schweiz sich in ihren Strukturen veränderte. Sie präsentiert heute ein anderes Gesicht als jenes, dem wir einst im Schulbuch begegneten. Die traditionelle Trennung von Stadt und Land ist weitgehend hinfällig geworden. Es entstand eine Schweiz der städtischen Agglomeration. Diese Entwicklung hat wohl dazu beigetragen, daß ein Wort wie »urban« seinen ursprünglichen Sinn verlor; es wird heute fast ausschließlich in einer technischen Bedeutung als »städtisch« im Zusammenhang mit Urbanismus verwendet. »Urban« aber hieß einmal (und heißt noch heute gelegentlich) »kultiviert« und »gebildet« im Gegensatz zum Bäurischen als dem Holzbodigen. Sicherlich, in solcher Ausschließlichkeit konnte der Begriff eh für die Schweiz nie Bedeutung haben. Sosehr aber die Stadt ihres Urbanseins verlustig ging, die städtische Agglomeration hat noch nicht ihre eigene Form der Urbanität gefunden.

Nun ist es zweierlei, eine Entwicklung durchzumachen und ihr auch intellektuell Rechnung zu tragen. Die Realität, die wir leben, deckt sich kaum mit den Vorstellungen, die wir von uns haben. Es ist schon eindrucksvoll, wenn die Schweiz an einer texanischen Universität eine Ausstellung avantgardistischer Kunst organisiert und bei der Vernissage vor der Halle das Alphorn geblasen wird. Es ist wirkungsvoll, wenn bei einer Industriemesse am Pazifik plötzlich hinter den Maschinen Sennen hervortreten und jodeln, im Rücken nicht die Alpen, sondern Elektromotoren und Turbinen. Aber wer weiß, vielleicht lassen sich tatsächlich zwischen der hochindustrialisierten Schweiz

180

und dem Folklore-Image Brücken schlagen. Vielleicht fing unsere Geldwirtschaft damit an, daß Bergbauern in musikalischer Absicht in einer Milchschüssel Taler rollen ließen – was für ein Klang, wenn das Geld rollt, zumal wenn es dies in der eigenen Schüssel tut.

Beim Durchlesen seiner helvetischen Überlegungen fiel dem Schreibenden auf, daß er öfters das Wort »Glück« gebrauchte, was ihn fast befremdete. »Glück« ist bei uns kein verbreitetes Wort, es sei denn, wir meinen damit, daß einer Schwein gehabt hat. Wennschon, geht es uns gut, aber auch in dieser Hinsicht üben wir Zurückhaltung. Auf die Frage: »Wie geht es?« antworten wir: »Man kann nicht klagen.« Das Übliche wäre das Klagen. Natürlich klingt da unsere Bauernschläue des Jammerns durch. Aber es sieht manchmal so aus, als gebe es einen tiefverwurzelten volkstümlichen Glauben an die Zerbrechlichkeit der Welt. Wir rechnen immer mit dem Ernstfall, und dies nicht nur militärisch; für den Ernst von morgen sind wir bereit, die Heiterkeit von heute zu opfern. Deswegen kann es nicht überraschen, daß wir einem, der wissen will, wie es uns geht, antworten: »Es könnte schlimmer sein.«

Die Helvetica, wie man sie hier findet, sind mögliche Antworten darauf, wie es uns geht. Geschrieben wurden die Texte für Pressepublikationen. Es sind Zeitungsarbeiten besonderer Art, insofern sie für Kolumnen verfaßt wurden. Der Autor verfügte 1973 über eine solche im ›Tages-Anzeiger‹ unter dem Titel »Dabei gewesen, dabei gelesen«. Mit Kollegen teilte er sich in eine, die im ›Magazin‹ der gleichen Zürcher Tageszeitung von 1976 bis 1978 erschien. Sie stand unter dem Kürzel »PS«; aus dem »Post Scriptum« wurde 1979 ein »Journal«. Seit 1981 teilt sich der Schreibende wieder mit Kollegen in eine Kolumne, diesmal in der ›Schweizer Illustrierten‹. Allerdings wurden für das vorliegende Bändchen nicht alle Texte genau so übernommen, wie sie erschienen sind. Einige wurden geringfügig redigiert, andere erweitert oder gekürzt, und noch andere wurden überarbeitet und kamen zu einer Neufassung.

Solche Kolumnen bieten einem Schriftsteller die Möglichkeit, Standpunkt zu beziehen und öffentlich Meinung zu vertreten, eine Chance, an der helvetischen Auseinandersetzung teilzunehmen. Nicht im Sinne der Tagesaktualität, das war schon deswegen nicht möglich, weil die Beiträge für das Magazin oder die Illustrierte drei bis vier Wochen vor Erscheinen abgeliefert werden mußten. Das schließt den unmittelbaren Kommentar aus. Aber anderseits gibt es genug Themen, deren Aktualität vier Wochen anhält, und darüber hinaus.

Daß eine eigene Meinung gemeint war, ging schon aus den redaktionellen Hinweisen hervor, die auf den Kolumnenseiten zu lesen waren: »Autoren äußern unabhängig ihre Meinung zu selbstgewählten Themen« oder »Autoren äußern sich zu selbstgewählten Themen unabhängig von der Meinung der Redaktion«. Es trifft zu, die Themen wurden selbst gewählt, und auch die Auswahl der Texte geschah in völliger Unabhängigkeit. Was die eigene Meinung anlangt, habe ich es schon immer mit Joseph Prudhomme gehalten: »C'est mon opinion, et je la partage« – »Das ist meine Meinung, und ich teile sie vollumfänglich.«

Bitte beachten Sie auch
die folgenden Seiten

Hugo Loetscher
im Diogenes Verlag

Abwässer
Ein Gutachten

»Nach einem politischen Umsturz ist der Inspektor der Abwässer aufgefordert worden, einen Bericht über den Zustand der Kanalisation zu verfassen. Denn die Leute, die immer ›so gewaschen tun‹, müßten einmal da hinabschauen können, was alles unter ihren Füßen dahinfließt, das Verborgene und Chaotische unter ihrer sauberen Stadt... Der Inspektor in *Abwässer* hat den ›Abwasserblick‹, der die oberflächlichen Dinge durchschaut. Ein außerordentliches Prosawerk, das ein schwieriges Thema in einer gewagten Metapher meistert –; nicht die Welt als Kloake, aber die Kloake als eine Konstante der Welt.«
Anton Krättli / Kritisches Lexikon zur deutschsprachigen Gegenwartsliteratur

»Dieses Buch ist ein explosives, destruktives und großartiges literarisches Dokument. Es ist ein totales Märchen aus der Wirklichkeit, das wenig ausläßt: weder die Liebe noch die Technik, weder die Psychologie noch die Dummheit, weder die Einsamkeit noch die Gemeinheit.«   *Die Welt, Hamburg*

Die Kranzflechterin
Roman

»Jeder soll zu seinem Kranze kommen«, pflegte Anna zu sagen; sie flocht Totenkränze.

»Auch hier führt die Wahl des ungewöhnlichen Blickpunktes zu ungewöhnlichen Ansichten aus der Menschenwelt und Farbenspielen des Lebens, die um so mehr faszinieren, als vom Tode her ein leichter Schatten auf sie fällt.«   *Nürnberger Zeitung*

Noah
Roman einer Konjunktur

Loetscher erzählt die Geschichte eines Mannes, der die Konjunktur anheizt mit seinem Plan, die Arche zu bauen. Niemand glaubt im Ernst an die kommende Flut, aber alle machen mit ihr Geschäfte. Aber nicht nur im Geschäftsleben, auch im Kulturbetrieb zeitigt die Konjunktur ihre unerfreulichen Begleiterscheinungen. Noahs Lage verschlimmert sich aus vielen Gründen, so daß einer zuletzt sagen kann: »Jetzt kann ihn nur noch die Sintflut retten.«

Wunderwelt
Eine brasilianische Begegnung

Die Begegnung eines Europäers mit den Mythen von Leben und Tod einer fremden Kultur: eine Hymne, aber noch mehr eine Elegie, geschrieben für ein kleines Mädchen.

»Ich würde *Wunderwelt* gerade auch besonders viele junge Leser wünschen. Nicht nur weil Loetscher die Sprache fand, um die Wirklichkeit bis in Nuancen genau so darzustellen, daß man ganz in sie hineingenommen wird. Sondern auch wegen einer Geisteshaltung, ohne die dieses Buch nicht hätte geschrieben werden können… Statt ›Wunderwelt‹ könnte dieses Buch auch ›Die Fähigkeit zu trauern‹ überschrieben sein.«
Deutsches Allgemeines Sonntagsblatt, Hamburg

Herbst in der Großen Orange

»Hugo Loetscher ist mit *Herbst in der Großen Orange* ein großer Wurf gelungen. Der dritte Satz schon ist der erste hintergründige, denn das ›Grün‹ ist künstlich, wie fast alles in dieser Stadt. Auf 165 Seiten enttarnt Loetscher eine Scheinwelt, reiht ein sprachliches Kabinettstückchen ans andere, ist mal lyrisch, mal satirisch. Immer aber schwingt eine hei-

tere Melancholie mit, angesichts einer Menschheit, die nicht mehr so recht weiß, wo's langgeht.«
Stern, Hamburg

Der Waschküchenschlüssel
oder Was – wenn Gott Schweizer wäre

»Loetscher ist ein bedeutsamer Schweizer Erzähler und Romancier, der auch als Journalist arbeitet und zudem die Welt kennt. Er hat einen famosen Sinn fürs Anekdotische und Skurrile, einen scharfen Blick, gepaart mit einem gänzlich unhysterischen, natürlichen Ton. Zum Schluß der Lektüre meint man, den Abend mit einem Freund verbracht zu haben, dem man gern länger zugehört hätte. Wer schreibt uns so trefflich, so distanziert und aus liebevoller Nähe über die Italiener? Die Franzosen? Uns in der Bundesrepublik?«
Titel, München

Der Immune
Roman

»Noch bevor manche jüngeren Autoren und Autorinnen Literatur als Mittel zur Erforschung und Bewältigung des eigenen Lebens entdeckten, setzte Hugo Loetschers *Der Immune* einen Maßstab, vor dem nicht viele bestehen. Ein Muster und deshalb auch heute noch aktuell, weil es hier einer verstand, in der selbstkritischen Beschäftigung mit dem Ich auf geistreiche, witzige, eloquente Art den Blick freizugeben auf die Epoche, in der dieses Ich sich formte und in der es lebt.« *Tages-Anzeiger, Zürich*

Die Papiere des Immunen
Roman

»Der Immune ist ein überaus witziger und intelligenter Herr, ein weitgereister, gebildeter Gesprächspartner, elegant und originell – ein durchaus passabler Gefährte für ein Buch von 500 Seiten. Ein Buch voll von

schönen und abstrusen Geschichten, die einen wuchtigen Kosmos bilden; und obwohl der Immune vorgibt, seinen Wohnsitz im Kopf zu haben, sind diese Papiere alles andere als kopflastig.«
Westermann's, München

Die Fliege und die Suppe
und 33 andere Tiere in 33 anderen Situationen
Fabeln

Einst hatten die Tiere Charakter, dann erging es ihnen wie den Menschen, sie fingen an, sich zu verhalten.

»Ganz ohne missionarisches ›Du sollst‹ macht Loetscher einsichtig, was der Mensch nicht soll, aber tut. Ähnliches habe ich nie gelesen. Literatur pur. Da wird nichts angemerkt, reflektiert, verdeutlicht. Wörter und Sätze als Essenz.« *Die Zeit, Hamburg*

Der predigende Hahn
Das literarisch-moralische Nutztier

»Unter dem Titel *Der predigende Hahn* nimmt Loetscher gleichsam als Arche Noah von ›Aar‹ bis ›Zukunftsgeiß‹ jenes Getier auf, das Dichtern seit alters zu literarischem und moralischem Nutzen diente. Was nebenher beweisen soll, daß kaum einer der großen Autoren ohne Tiere hat auskommen können. Die Ausbeute reicht von Abraham a Sancta Clara bis Emile Zola, vom Gilgamesch-Epos bis zu Walt Disney. Eine schöne und anregende Idee.«
Harald Hartung / Frankfurter Allgemeine Zeitung

Saison
Roman

Er war berühmt, nur wußte dies niemand. Aber er hatte noch ein ganzes Leben vor sich. Philipp, zwischen Schulabschluß und Berufsausbildung stehend, von der Großen Bühne träumend, jobbt einen Sommer lang als Bademeister. Aus einer Zürcher Seebadeanstalt macht er mit unbekümmerter Phantasie ein buntes, spannend-überraschendes Badetheater. Philipps erste Saison wird zudem zur Saison einer zarten Liebe.

»*Saison*, das ist ein melancholisches Buch und zugleich ein moderner Entwicklungsroman mit erstaunlichem Tempo. Blendend formuliert, mehrfach ironisch gebrochen, mit schnellen Schnitten und überraschenden Wendungen.« *Österreichischer Rundfunk, Wien*

Die Augen des Mandarin
Roman

»Kann man mit blauen Augen sehen?« Die Frage eines fiktiven Mandarins stimuliert Past, den Ex-Angestellten einer obskuren Kulturstiftung, zu Erinnerungen aus seinem bewegten Leben, entführt ihn noch einmal in fast alle Erdteile und entlockt ihm pointierte Geschichten – in einem berauschenden Nebeneinander der Kontinente, Zeiten und Bilder. Bilanz eines intensiven Blicks.

»Hugo Loetscher ist ein großes, ein schönes Werk gelungen. Was an *Die Augen des Mandarin* mehr als alles andere beglückt, ist seine Kühnheit: ohne Scheu handelt es vom Sterben und greift doch mitten ins Leben hinein.«
Roman Bucheli/Neue Zürcher Zeitung

Vom Erzählen erzählen
Poetikvorlesungen
Mit Einführungen von Wolfgang Frühwald
und Gonçalo Vilas-Boas

»Vom Erzählen erzählen« – diesen Titel gab Hugo Loetscher seinen Münchner Poetikvorlesungen aus dem Jahr 1988. Die erweiterte Neuausgabe dieser Texte wird ergänzt durch »Ein Schriftsteller in und außerhalb der Schweiz«, die Antrittsvorlesung an der CUNY (City University of New York), wo Loetscher

1982 der erste Inhaber des Swiss Chair war. Zudem finden sich in dem Band auch die Poetikvorlesungen, die er im Frühjahr 1999 an der Universität Porto hielt.

»Hugo Loetscher ist ein Autor, der seit mehr als einem Vierteljahrhundert zu den vielseitigsten Gestalten der deutschsprachigen Schweizer Literatur gehört.« *Neue Zürcher Zeitung*

Der Buckel
Geschichten

Neunzehn Geschichten von einzigartiger Vielfalt, doch ein Thema zieht sich durch sie wie ein roter Faden: »Der Buckel« steht für den lädierten Menschen, den Ausgestoßenen und Benachteiligten. Geschichten von wunderbarer Präzision und abgründiger Leichtigkeit, die in Pointen von oft aphoristischer Erkenntnisschärfe gipfeln.

»Vom Glück, das keines ist, von vermeintlich guten Taten, von falschen Wahrheiten erzählt Hugo Loetscher in seiner kleinen Comédie humaine: begabt mit einem Sensorium für die Unzulänglichkeiten in den menschlichen Verhältnissen und kraft einer unsentimentalen und doch ergreifenden Sprache.«
Roman Bucheli / Neue Zürcher Zeitung

Lesen statt klettern
Aufsätze zur literarischen Schweiz

»Das Leiden an der Enge. Der Druck eines Konformismus, der sich als Demokratie ausgibt. Die Anbiederung bei Schicksalhaftem. Der Ausbruch aus der Enge. Eine Hypochondrie, die vor Leiden an Problemen die Probleme verpaßt...« Ist dies das einzig mögliche Schweizer Selbstverständnis?
»Nein, Provinz ist nicht eine Gegebenheit, sondern eine Entscheidung« – lautet die provozierende Bilanz dieses Buches.

»Siebzehn passionierte Für- und Widerreden: Porträts, postume Interviews, Montagen aus eigenen Rezensionen und Erinnerungen, am Ende ein fiktiver ›Chat‹ zwischen dem Autor und einigen seiner Zeitgenossen. Bekannte und Vergessene aus fünf Jahrhunderten kommen zu Wort und werden verteidigt im Namen der Literatur.«
Andreas Nentwich / Die Zeit, Hamburg

Es war einmal die Welt
Gedichte

Gedichte, Suchbilder, »in Grammatik gebrachte Gefühle«, melancholisch, verspielt, entrückt und von hellsichtiger Präsenz, lyrische Notate aus »Allerwelt«.

»Wunderbare Gedichte.«
Michael Krüger / Buchreport, Frankfurt am Main

»Ein Schriftsteller von europäischem Format.«
Alain Bosquet / Le Figaro, Paris

Außerdem erschienen:
In alle Richtungen gehen
Reden und Aufsätze über Hugo Loetscher
Herausgegeben von Jeroen Dewulf
unter Mitarbeit von Rosmarie Zeller

Hugo Loetscher: Weltreisender, Verfasser essayistischer Prosa, Lyriker, Vollblutepiker und Citoyen – hochkarätige Beiträge illustrieren die verschiedenen Facetten von Person und Werk.

»Die Stärke von Hugo Loetscher war schon immer sein vielstimmig sich zur Geltung bringender Erfahrungsschatz. Dcr philosophisch, soziologisch, politisch und ökonomisch Gebildete, der in Europa, Asien und vor allem Südamerika Vielgereiste, der Kritiker und Publizist hat als Erzähler fast nie ungebrochen fabuliert, sondern ist darin seinem großen älteren

Freund Friedrich Dürrenmatt ähnlich, der die multi-
perspektivische Erzählweise in seinem Spätwerk zur
Meisterschaft brachte. Andererseits gewinnen Loetschers große essayistische Texte dadurch, daß sie sich
nicht in Abstraktionen verlieren, sondern selbst abstrakte Themen und Stoffe in Erzählung verwandeln.«
Heinz Ludwig Arnold /
Frankfurter Allgemeine Zeitung

Padre António Vieira
Die Predigt des heiligen Antonius
an die Fische
Hugo Loetscher
António Vieira – Portrait eines Gewissens

Der portugiesische Jesuit António Vieira (1608 bis
1697) ist eine der großen Figuren des europäischen
Gewissens. Hugo Loetscher hat ihn für die deutsche
Sprache entdeckt. Indem er von dem Prediger und
Missionar, dem Diplomaten und Politiker António
Vieira spricht, gibt er zugleich ein literarisches Be-
kenntnis von Aktualität.

»*Die Predigt des heiligen Antonius an die Fische* rich-
tete sich gegen die portugiesischen Kolonisten und
wehrte sich für die Indianer, jene rothäutigen Lebe-
wesen, die man wie Tiere jagte und einfing und die den
Aufbau einer feudalen Kolonialwirtschaft ermögli-
chen sollten.« *Hugo Loetscher*

Niklaus Meienberg
im Diogenes Verlag

Heimsuchungen
Ein ausschweifendes Lesebuch

Ein Lesebuch über Landschaften und Städte, über Dichter und Politiker, über Gott und die Welt – Heimsuchungen im wahrsten und doppelten Sinne des Wortes.

»Seine Sprache schafft eine neue Stufe der Beteiligung. Präzise ist sie und klar, zurückhaltend, trocken (nie vernebelnd), schön.« *Süddeutsche Zeitung, München*

»Er ist weit differenzierter und intelligenter als seine Kritiker. Aber es ist auch unfair, ihn mit gehetzten und unter Druck stehenden Journalisten zu vergleichen. Denn er gehörte ja schon immer einer andern Kategorie an: der der Schriftsteller.«
Margrit Sprecher / Die Weltwoche, Zürich

Zunder
Überfälle, Übergriffe, Überbleibsel

Die Ideologien sind zertrümmert, Gewißheiten verdampft. Der Reisende Meienberg war seit 1991 widersprüchlichsten Eindrücken ausgesetzt. Seine Reportagen handeln u.a. von der triumphalen Siegesparade in Washington (nach dem Golfkrieg), dem ethnischen Wahn in Karabach und der Angst im Strudel der Ereignisse von Algier.

»Für mich ist Meienberg vor allem ein großer Prosaautor. Wo diese Prosa schließlich erschienen ist, das ist gleichgültig. Das ist ähnlich wie bei Heine. Heinrich Heine hat einen großen Teil seines Werks für Zeitungen geschrieben. Das gehört heute zur verbindlichen deutschen Prosa.«
Peter von Matt / SonntagsZeitung, Zürich